目次

装丁　オーバードライブ

凡例

一、漢字は固有名詞を除き、基本的に現行常用字体に統一した。

一、史料引用にあたっては読みやすさを考慮し、原文にない振り仮名や句読点を適宜補った。また、逆に煩瑣になる場合は原文の振り仮名や訓点などを省略した場合がある。

一、年代表記は、一八七二年の太陽暦への改暦以前については、和暦のあとに（）で西暦を示し、一八七二年以降は西暦のみとした。一八七二年の改暦以前の和暦と西暦の年代は厳密な対応はしていない。

一、引用史料は、巻末に典拠を編者・校訂者の五十音順で掲載した。

一、本文で既発表の著書・論文を示す場合、［］内に執筆者名と発行年を記し、参考文献は巻末に著者姓名の五十音順で一括掲載した。なお、本文中の研究者の敬称は略した。

一、写真は所蔵を特に記していないものについては、筆者蔵・筆者撮影である。

一、本書は、二〇二一年に関西学院大学大学院社会学研究科において、春学期集中講義「社会学特殊研究」として実施した講義内容の一部をもとに成稿したものである。貴重な機会を与えて下さった関係諸氏と受講者にお礼申し上げる。

文献史学と民俗学──地誌・随筆・王権

喧嘩は畢竟するところ無知から来ているものが多い

柳田國男『祭日考』

はじめに

　江戸時代には、狐狸妖怪ですら、どこかで文字を学び、それを自在に操り、自らの意思を伝えるために使っていたようだ。

　江戸時代後期、幕臣で詩人の植木玉厓（一七八一〜一八三九）の親戚宅では、頻繁に妖怪が現れていた。そうはいっても、とりたてて害があるわけではない。することといったら、障子などにやたらと文字を書くことくらいだという。他愛もないことばかりで、時に滑稽なことも書く。一家親類のうち誰が怖いとか怖くないなどと評することもある。ある時、来客が狐狸退治に効果のある「野瀬の黒札」の話をしていたら、ただちに障子に「黒札こわくなし」と大書したという。妖怪の文字を実際に目にしていた植木玉厓は、よみやすい正直な字ではあるが、それほど「よくもない手」だったと評している〈『反古のうらがき』）[早川編　一九一六：四一二─四一二]。

　植木から聞いた話を随筆『反古のうらがき』に書き留めた鈴木桃野（一八〇〇〜

一八五二）は、妖怪が文字を書くことに疑問を抱いていない。そして、文字というものは学ぶことなく覚えることはできないから、狐狸が人に化けて山寺で修行をしたなどという話も、あながち嘘ではないのかもしれないと言っている。近世とは、妖怪の識字が当然視される程度には文字の読み書きが広く行われていた時代であるといえよう。

本書は、文献史料[*1]を民俗学の研究に活用するための基本的な方法について論じるものである。ここでいう文献史料とは、過去に文字で書かれたモノ全般を念頭に置いている。情報を記すメディアは、前近代であれば多くは紙に書かれた古文書、古記録[*2]が代表的である。金属や石などに文字を記した金石文や、木簡や棟札のような木に書かれたものなども広義の文献史料ということができる。こうした多様な文字史料の全体を見渡した議論をすることは、筆者の力量では不可能であるので、本書では古記録・古典籍などを対象とすることになる。とくに、紙幅の関係もあり、ここでは多くが活字化されていて、今日、アクセスも比較的容易な近世の地誌や随筆を中心に取り上げたい。地誌や随筆には、伝承や縁起、世間話など興味深い情報も多く、早くから民俗学研究の場で利用されてきているからである。

一　民俗学と文献史料のあいだ

1　柳田國男と文献史料

柳田國男（一八七五～一九六二）も、農村生活の様子などが記されている文献史料に少

＊1　歴史学では、過去の歴史を把握するための素材を「史料」と呼ぶ。文献史料のほか、金石文、絵画、録音、映像なども史料である。歴史学に限らず、広く研究・調査の基礎となる文献などの学術情報を総称する「資料」とは区別して、歴史研究で活用されるものを特に「史料」と表記する。史料によって、その信憑性は一様ではなく、史料の吟味を史料批判といって歴史学では重視する。同時代に当事者が作成したものを一次史料とよび、そうでない後世の編纂物や第三者による伝聞記事などを二次史料という。

＊2　古文書とは、一般的には特定の相手に意思表示をするために書かれたものをいい、古記録とは、特定の相手を対象としないで書かれたものをいう。

＊3　菅江真澄（一七五四～一八二九）。江戸時代の国学者。三河国（現・愛知県）に生まれ、生涯にわたって全国を旅して秋田で没した。その紀行文は民俗誌としても高く評価されている。

なからぬ関心を持っていた。例えば、東北・北海道を旅して詳細な見聞記を残した菅江真澄[*3]への思い入れは強く、著作の刊行にも大きな期待を寄せていた［柳田 一九六八a］。

そもそも、柳田が大きく影響をうけた書物のひとつに英国の人類学者であるフレイザー[*4]（Sir James George Frazer）の『金枝篇』（原著一八九〇年）がある。この作品は、博引旁証で知られる大著である。後には「安楽椅子の人類学者」と批判される手法だが、柳田の手によって、後に「民俗学」と呼ばれるようになる学問が日本で産声を上げた頃、まずお手本となったのは、こうした著作であった。

それゆえ、その頃に柳田が発表した「巫女考」（一九一三〜一九一四年）「毛坊主考」（一九一四〜一九一五年）『山島民譚集』（一九一四年）などは、随筆や地誌などの文献からの引用に満ちている。

柳田は、一九〇二年に農商務省から法制局に転じ、一九一〇年まで内閣書記官記録課長をつとめており、内閣文庫[*5]の蔵書を自由に閲覧できた。柳田自身、「千代田文庫の番人をして居た」から「色々の写本類を、勝手に出し入れをして見ることが出来た」と言っている［柳田 一九七〇d：四六］。そういう環境にあって、「明治四十三年の夏などは、夏休みといふものを私は取らなかつた。さうして暗くなるまでへと〳〵になつて虫ばんだ本を読み散らし、うまいことをした気で帰つて来た」［柳田 一九七〇a：五〇六—五〇七］というから、読書量は相当のものであった。厖大な文献を縦横に引用して議論を進めていく当時の柳田の論考は、このような作業によって生み出されたものである。

地誌や随筆などを駆使した方法は、中山太郎[*6]『日本巫女史』（一九三〇年）、堀一郎[*7]『我が国民間信仰史の研究』（一九五三・五五年）などの諸研究にも引き継がれ、豊かな成果を

*4 ジェームズ・ジョージ・フレイザー（一八五四〜一九四一）。イギリスの人類学者・古典学者。代表作に『金枝篇』、『旧約聖書のフォークロア』（原著一九一八年）などがある。

*5 一八八四年創設。各官庁の図書を収集するとともに、江戸幕府の紅葉山文庫や和学講談所などの蔵書を引き継いだ。現在は国立公文書館に移管されている。

*6 中山太郎（一八七六〜一九四七）。民俗学者。フィールド調査によらず、厖大な文献をもとにした論著をいくつも上梓した。一八九九年から四〇年以上にわたって帝国図書館に通い、地誌や諸書から採録したカードは三万枚に及んだという［中島 一九八九：追補二六］。『売笑三千年史』（一九二七年）、『日本巫女史』（一九三〇年）、『日本盲人史』（一九三四年）などの著作がある。柳田國男は、『日本巫女史』について、引用史料の雑駁さと「読んで餘りに面白いこと」が欠点だという微妙な評を寄せている。

*7 堀一郎（一九一〇〜一九七四）。宗教学者。代表作に『我が国民間信仰史の研究』がある。ほかに『遊幸思想』（一九四四年）『民間信仰』（一九七七年）などがある。柳田國男に学び、柳田の三女と結婚。

上げている。また、柳田と交流を重ねていた南方熊楠[*1]の著作が厖大な文献の引用から成り立っていることもよく知られている。

しかしながら、柳田自身の文献史料の使い方や歴史学との距離感は時期によっても変化しているようで、安易に単純化することはできない。一般的には、初期の「毛坊主考」「巫女考」などでは「文献資料を利用したものが多く」、その後、次第に文献から離れ「眼前の民間伝承を資料として『平民の過去』を明らかにしようとする」ものになっていったと考えられている〔新谷　二〇〇五：六〕。確かに、柳田は次のように述べている。

> 今ある文書の限りによつて郷土の過去を知らうとすれば、最も平和幸福の保持のために努力した町村のみは無歴史となり、我邦の農民史は一揆と災害との連鎖であつた如き、印象を与へずんば止まぬこと、なるであらう。
>
> 〔柳田　一九七〇c：二七三〕

このように、文献史料には偏りがあり、非日常的なことが記録されるが、日常的な事象は記録されないと柳田は考えた。彼は「記録文書の利用し得られる区域こそは、寧ろ甚だしく狭かつたのである」〔柳田　一九八六：三〕と言う。それゆえ、そこから復元される過去は、かなり歪んだものになるだろうという理解である。

そこで、柳田は、歴史史料を「計画記録」と「偶然記録」にわけ、史料を記録した人の意図と異なった目的に利用する「偶然記録」を活用すること〔柳田　一九八六：九九〕を説いたが、こうした努力も後の「採集事業」の発展によって無用となったという。

*1　南方熊楠（一八六七～一九四一）。博物学者、民俗学者。大学予備門を中退しアメリカ、イギリスに渡り博物学を学ぶ。帰国後は和歌山県で粘菌や民俗学の研究を進める。一九〇七年から神社合祀反対運動にも携わる。主要著作は『南方熊楠全集』全一二巻（一九七一～七四年）に収められているが、全集未収録の海外雑誌に投稿した英文著作も多く、それらは『南方熊楠英文論考』（二〇〇五、二〇一四年）に集められている。博覧強記で知られる南方熊楠の入門には岩波文庫の『十二支考』（一九九四年）がある。冒頭から南方熊楠の圧倒的な智を堪能できる。

柳田らによる雑誌『郷土研究』などに多くの報告が掲載されたことを挙げ、「その後の採集の勢ひといふものは、久しからずしてこの偶然記録の渉猟を、無用にしまたは笑ふべきものにした」と述べ、史料の渉猟はもはや無用となったと断言する〔柳田 一九七〇c：三一二〕。この頃の柳田は、「民俗学」を学問として確立させることに邁進しており、一九三五年には民間伝承の会を立ち上げ[*2]、山村、海村などの全国調査を盛んに進めていた時期であるから、フィールドでの民俗採訪に手応えを感じていたのかもしれない。

2 幻の近世日記刊行計画

しかしながら、柳田は戦後のある時期に文献史料への再度の接近を試みている。一九四六年、敗戦後まもなく刊行された新国学談三部作の一つ、『祭日考』所載の「窓の燈」という作品には次のように書かれている。

是まで自分たちの態度はやゝ遠慮に過ぎ、強ひて文献資料の備はつている区域に入り込んで、旧式史学者と縄張を争ふ必要はないと思つてゐた。書いたもの、ちつとも伝はらない、国民がたゞ無意識に取伝へたものだけを利用してでも、幾らもよい問題が見つかり又解説し得られる。それだけで沢山だといふことを明言した覚えもある。しかし一たび今のやうな変局に当面して、問題の大きさと重要さを差等づけるとなると、公人の一人として、そんなことばかりは云つてゐられないのである。（略）三十年ほど以前、まだ其採訪が丸で始まらなかつた頃に、私はあまり大胆だつたが一応は書いたものだけから、民俗学の資料を見つけようと

＊2 一九三五年に柳田國男の還暦を記念して行われた民俗学講習会を機に結成された。今日の日本民俗学会の前身。

したことがある。それは概ね失敗に終つたやうだつたが、今度はその頃に比べると幾分か用意ができた。それで必要に迫られて、再び又古い冒険をくり返さうとしているのである。

［柳田　一九六九b：二七九］

戦後に柳田が文献史料に再接近して「古い冒険をくり返さうと」したのは、「変局に当面して」とあるように、敗戦がひとつの契機となっているであろうことは想像に難くない。この論考が載る『祭日考』の序文にあたる「解説」の日付が「昭和二十一年紀元節日」となっているのも偶然ではあるまい。

一九四五年一二月一五日には、GHQから神道指令[*1]が出され、同じ年の一二月三一日には「修身、日本歴史及ビ地理停止ニ関スル件」が出されていた。GHQは、軍国主義解体の一環として、天皇や国家と強い結びつきを持っていた国家神道を廃止して国家と神社を分離し、神社の国家管理や公的機関による宗教儀礼の実施を停止していた。占領下にあって、はたして「神道」が存続しうるのかという危機感が広がっていた。そうした時代状況にあって、柳田は「精神的支柱を失って崩壊するかも知れぬ民俗と祖国の将来」を憂い［堀　一九六九：六―七］、文献史料の精読を通して「神道」が果たした歴史的役割について考察を重ねていたのである。

少なくとも、この時期の柳田が、民俗学的な関心で文献史料を読むことに積極的であったことは間違いない。一九四四〜一九四五年の柳田國男による日記『炭焼日記』を繙けば、多種多様な文献を読み、抄録をしている姿が書き留められていることがわかる。一九四五年の八月八日は伴信友『神社私考』（一八四一年）、九日からは萩原龍夫

＊1　連合国最高指令部が神道・神社と国家を分離することを命じたもの。神社の国家管理や公的な宗教儀式、公教育の場での宗教教育が禁止された。

が「しよって来てくれ」た『大神宮叢書』（一九四〇～一九四二年）、九月一六日からは『甲子夜話』、その後さらに地誌を集中して読み始めたようで、九月二三日から『駿河志料』（一九三〇～一九三一年）、九月二七日『鎌倉志』（一六八五年）『近江輿地志略』（一七三三年）、九月二八日『芸藩通志』（一八二五年）、九月二九日『新編相模国風土記稿』（一八四一年）、一〇月一日『紀伊続風土記』（一八三九年）『都名所図会』（一七八〇年）と続き、一一月からは『満済准后日記《まんさいじゅごうにっき》』・『看聞日記《かんもんにっき》』など室町時代の古記録を読んでいる。また、一九四四年八月三日には『醒睡笑《せいすいしょう》』（一六二三年）を五度目、一九四四年八月六日に『塩尻』（一六九七年頃起筆）を三度目とするなど、繰り返し繙読《はんどく》する史料も少なくなかったようだ［柳田　一九七一b：八七・八八］。

文献史料を読み進めていた柳田は、一九四九年に行われた歴史家の家永三郎との対談で、前年の民俗学研究所[*2]設立を契機として、「文献の中でどうしても見落としてはならないものを索引にでもつくって出さなければならないと思っております」と語っていた。分野ごとに分担して編纂するつもりだったようで、柳田も「私は神道の方のものだけはやってみよう」と言っている［宮田編　一九九二：二〇五］。柳田は、文献史料を民俗学研究者の共有財産とするためのツールとして、語彙索引を編纂する計画をしていたのである。

同じ頃、柳田自身が近世に書かれた日記の刊行計画に積極的に関わっていたことも見逃せない。一九四五年一二月一二日に関西から柳田のもとへ平山敏治郎が訪問している［柳田　一九七一b：二七七］。当時、三二歳だった平山は、京都で西田直二郎[*3]の文化史学を学びながら、柳田の指導で民俗学の研究を進めていたが、何らかの折に柳田に

＊2　一九四八年に柳田国男が私財を投じて民俗学研究の中心機関として設立した財団法人。一九五七年に解散。

＊3　西田直二郎（一八八六～一九六四）。京都帝国大学文学部教授。文化史学を提唱し、民俗学や考古学なども取り入れた歴史学を構築していた。戦時中に国策機関である国民精神文化研究所員を兼ねていたこともあり、戦後は公職追放をうけた。門下生には、平山敏治郎、柴田実、肥後和男など文献史料を活用した民俗学で業績を残した研究者も多い。

古記録を使った民俗学研究の構想を伝えていたようだ。柳田は、平山に宛てて、「古記録の中から民俗学の問題をさかすのハ一つの仕事で、自分もやりたいと思つてゐます。（中略）時慶卿記も早くよみたいものです」と述べている（平山敏治郎宛はがき、一九四六年八月二一日）。ここで、平山の思いと柳田の思惑が合致した。

平山の回想によれば、「昭和二十一年の六月ごろ」に柳田からの葉書で「近世の未刊日記を集めて叢書をつくり、奈良県天理の養徳社から刊行する計画」に協力するよう指示があったという（はがきの日付は六月七日［柳田　一九七一c：五九八］）。非常に大規模な叢書の企画で、「いわゆる無名の民間人、百姓や町人などが書き残した生活記録としての日記筆録のたぐいを、そのままの形で出版したい。なるべくはもとの国ごとに一種ずつは探し求めて、同時代の生活相を明らかにしたい」というものだった［平山　一九七〇：二―三］。

この企画は進められ、第一冊「日乗上人日記[*1]」のゲラも出て初校間近となり、養徳社[*2]の刊行物に近刊予告も出されていたにもかかわらず、「急にこの計画は挫折してしまった」という。平山は「その事情の詳しいことは知らされなかったが、出版社の側に続刊し難い理由が生じて、それならば第一冊も中止ということになったらしい」と記している［平山　一九七〇：四］。

一九四七年七月の柳田書翰では「著作権は小生なとの解釈にてハ、新たに之を刊本にする人即ち編者に在るのでハないかと存じ候、従つて写本所蔵者、発見者又ハ原稿整頓者に対する報償ハ此方の好意にして権利でハないと存じ居り」とあり、権利関係で史料所蔵者と校訂者などの間での行き違いが生じていたことがうかがえる［柳田　一九七一

＊1　日乗（一六四八～一七〇三）は日蓮宗の僧で常陸国久昌寺の住持。元禄四年（一六九一）から死の直前まで書き記した日記が残る。出版に向けての作業が中断していた『日乗上人日記』は、稲垣国三郎編で日乗上人日記刊行会から一九五四年に刊行されている。

＊2　養徳社は、戦時下の出版社が整理統合されていた一九四四年に天理時報社、甲鳥書林などが合併して設立された。柳田國男も同社から三木茂との共著『雪国の民俗』（一九四四年）を刊行している。天理教が深く関わっており、敗戦後の編集会議には天理教真柱の中山正善も参加し、「関西の岩波をつくる」と気勢を上げていたという［福家　二〇二一：四六］。文学・哲学・民俗学などの良書を刊行していたが、一九五二年に事業を縮小し、以後は天理教関連書籍中心の出版事業をしている。

c：六〇三〕。一九四八年七月一九日の平山に宛てた柳田の葉書には、「全体に両方の話が合ハず、仲立ハ誠ニ難儀」とあり、「先方へハ既ニ平山氏へ事務引継きし由申置候」としているので〔柳田　一九七一c：六〇四〕、この頃になって、柳田が投げ出してしまったというのが真相であろう。

近世の日記刊行計画は流産に終わったが、注意すべきは柳田の希望が「記録は五年、十年となるべく継続した年月のものを選び、望むらくは同時代のものを探したいということであった」〔平山　一九八八：八〕ということである。柳田は、できるだけ同時代（元禄期ころ）の日記史料を「国ごとに一種ずつ」と全国規模で横断的に集積することを目論んでいたようだ。

史料の選択や読み方は、民俗学の方法論が意識されたものであった。ある時期を輪切りにして、全国的に史料を収集し、遠方の一致[*3]を重視しようと考えていたと思われる。近い時代の文献史料を横断的に比較することで、民俗学の研究に活用しようという計画があったのである。

近世日記の刊行計画が進んでいた頃に柳田の手で書かれた『祭日考』を見ると、柳田の史料への接し方が明示されている。「資材を文書記録の一部に求めようとはしてゐるけれども、私たちの方法は民俗学的といふことが云へよう」〔柳田　一九六九b：二七九〕として、文献史料を素材として扱うが、そこでは歴史学とは異なる「民俗学的」な方法論が意識されていた。

柳田は、六つのポイントを列記する。(1)今後の神道は如何にあるべきかという「知りたい明らかにしたいと思う問題」を主眼として脇目を振らない。(2)神道史料の範囲

＊3　柳田は、地理的に遠く離れた地域に同じような民俗が残っていることに注目し、中央から新しい文化が広がっていくにあたり、遠方ほど古い文化が残っていると考えていた〔柳田　一九七〇c：三一八〕。

をずっと拡張する「雑学」というやり方をとる。(3)史料は少数の確実なものを採るのではなく、できるだけ多くのものを寄せ集めて比べることを基礎とし、特に遠方の一致を重視する。(4)計画記録ではなく偶然記録を重視する。(5)「現在の些々たる事実」もある程度の頻数を要件として採用する。(6)「この方法の発達を期待し」て慎重に「信じて疑わず」とはいわない。つまり、将来的に資料の収集が進めば反証が見いだされる可能性を念頭におき、「反対の資料の有力なものが出て来れば、自分が率先して説を改める」という柔軟な姿勢でのぞむ。これは「歴史が信仰に近くなつてゐた」という権威主義的な官学や皇国史観への批判でもあろう［柳田　一九六九b：二七九—二八一］。

この六項目を確認した上で、柳田の日記刊行計画を振り返れば、特に三項目が注目される。できるだけ多くのものを集めるためには膨大な史料を必要とし、特に遠方の一致を重視するのであれば、広く全国規模での資料収集が必要になってくるのは当然であろう。同時代のものを揃えようとしたのは、文献史料の活用においても民俗学的な比較による方法論を用いようとしていたからだということが明らかである。

3　民俗学にとっての文献史料

一九四〇年代の柳田が試みようとしていた文献史料による「民俗」の集積と比較による手法は、彼が日本列島において全国規模で方言や習俗を収集し、遠方の一致に注目して、民俗の変遷を解明しようという、柳田が一国民俗学と呼んだ方法論と矛盾するものではなかった。むしろ文献史料を一種の民俗誌として積極的に活用する方法を模索するものであったといえよう。

その後も文献史料について、民俗学者の中からその重要性を指摘する声は後を絶たない。民俗誌としての史料利用よりも一歩踏み込んだ発言をしたのが上述の平山敏治郎である。平山は、流行正月[*1]について論じた論考のなかで、一回性の事件にも普遍性、伝承性があることを指摘し、「常民」の側に既に受け入れる土壌が出来ていたからこそ、特定の年に流行正月が発生したとする。「必要があれば何時でも類型的に出現する」ものだから、「日付のみを基準として歴史的な理解を求めることは、皮相を撫でるばかりで、真実な内面的な関連に到達する所以ではなかった」という〔平山　一九八四：二九一〕。平山は、流行正月と「仏の正月、重ね正月、年違え餅」などの民俗を「同類と考えられる」として、葬儀を出したイエでの行事や厄年に行うことなど、個人やイエのレベルで行われている民俗との共通性を見いだしている。ある特定の時期に発生した事象であっても、その底流にある民俗的な普遍性に注目すべきだという主張である。ある時期に民間で起きた「事件」の時代には拘泥せず、民俗性に着目し、通時代的な現象としてとらえようというものである。

「民俗資料にも当然限界がある」とし、それを「時代的に位置づける」ために「民俗資料と文献史料との比較分析が重要な課題としてあがってくる」と指摘するのは赤田光男[*2]である〔赤田　一九八八：一二〕。赤田は、民俗は戦後になって大きく収集と公刊が進んだ文献史料と比較することで歴史的位置づけが可能になり、いっそう豊かな庶民の生活史を明らかにすることが期待できるという〔赤田　一九八八：一八〕。村落信仰を論じるなかでは、村もそれぞれの時代や社会のなかに存在しているのだから、村の民俗も歴史的に展開しているはずで、民俗と文献など多様な資料を相互補完的に活用する「歴

*1　一年の途中で松を立て、餅を搗くなどの正月行事を行い、年を改めようとすること。取越正月・仮作正月・にわか正月ともいう。なお、実際には流行正月も宝暦九年（一七五九）を画期として、それ以前は局地的な現象であったものが全国的な規模で行われる。こうした広がりの背景には、自らの意思で「休み」にできる都市中間層が成長し、その贈答儀礼のネットワークで「流行正月」が広がっていたことや情報産業の存在があり、本質論的な議論は一面的ともいえる〔村上二〇二二〕。

*2　赤田光男（一九四三〜二〇二二）。民俗学者。著書に『祖霊信仰と他界観』一九八六年、『家の伝承と先祖観』一九八八年、『日本村落信仰論』一九九五年などがある。

史民俗学的方法が不可欠」であるとも主張している〔赤田　一九九五：一三〕。

また、赤田の論点で興味深いのは都市への言及である。彼は宮田登[*1]などの業績に言及したうえで、「都市民俗学は現代社会に不可欠な学問」とするのである。都市を論じるメリットとして赤田が挙げるのは、「都市は知識人が古来多く住み、それだけ文献史料も多く伝存」し、「歴史の伝承的位置づけが農村よりはるかに可能」という史料上の利点である〔赤田　一九九五：一五〕。文献があったのが、たまたま都市だったというのではなく、戦略的に史料の多い都市を選び取ろうという提言である。

そして、赤田は具体的に「耳塞ぎ餅[*2]」「ホウコ」といった民俗が文献史料に確認できることを示した。彼は「あまりにも階層を越えて民俗事象が類似している」と述べ、「いかなる階層も生や死に対する行動には常民性を有し、そこに展開するのはまさに常民文化」であると指摘する〔赤田　一九九五：三〇〕。身分を問わない「常民性」を想定することで、主に貴族の手による中世の古記録も、民俗を理解するうえで活用できると考えていたようだ。

そして二〇二〇年になって、赤田は京都・奈良における中世の古記録から年中行事に関する記事を抜き出した『中世都市の歳時記と宗教民俗』を上梓した。本書は上記の赤田の議論を発展させて実践した作品といえる。「序章」では、現行民俗が「いつ頃から発生しているのか、あるいはどのような変遷過程にあるのか」が明らかではなく、「まず中世の日記を検討することにした」という。こうした方法をとるのも「民俗文化は超時代性、超地域性、超階層性があることも事実であ」るという認識に立っているからである。だからこそ、都市の貴族による記録を分析することで、「普遍的にみられて

＊1　宮田登（一九三六～二〇〇〇）。民俗学者。山岳信仰や民間信仰をはじめ、その関心は王権・都市・妖怪など多岐にわたる。一般向けの著作も多く、民俗学の裾野を広げる上でも大きな役割を果たした。『ミロク信仰の研究』（一九七〇年）など数多くの著作がある。宮田の議論は『宮田登日本を語る』全一六巻（二〇〇六～〇七）で概観できる。

＊2　同じ年に生まれた者が死亡した場合、餅を両耳に当てて死者からの呼ぶ声を聞かないようにして、凶事を回避しようとする呪術。餅を搗き年取りを擬似的に行い、同齢でなくする意味もあり、年違え餅とも言う。柳田國男は、「古記録の中から民俗学の問題」を探したいといった平山敏治郎に対して、「年タガヒ餅ハ如何」と提案していたから〔柳田　一九七一c：六〇〇〕、文献史料と民俗学との関わりを論じるには、「由緒正しい」素材といえる。

きた常民文化」の「起源と変遷」を明らかにすることができるという〔赤田　二〇二〇：三〕。『中世都市の歳時記と宗教民俗』は、限られた文献史料しか対象にしておらず、記述が羅列的で先行研究を十分に参照していないという問題を残すが、奈良・京都という古くから都市として栄えた地域の貴族や僧侶が残した文献史料から、民俗を抽出しようという方法と問題関心は一貫している。

八木透も、文献史料にめぐまれた「関西地域」を念頭に置いて、宮座・両墓制・仏教民俗・伝統都市の民俗については「民俗学的な方法とともに、歴史学的な方法をも駆使して考察することが不可欠」であり、「聞き書き調査による現行民俗の把握と文献史料による歴史的分析をあわせて行うことによって、はじめてその全貌が理解できる」とする〔八木　二〇〇〇：ii〕。民俗学史と方法論を概説した箇所では、柳田が書物の限界を論じて「まだしも消極的厳正主義の方がよい」とした言葉〔柳田　一九八六：七四〕を引用する。その真意は安易に文献を信じてはならないという史料批判の重要性を説くことにあり、文献史料をかたくなに使用しないような態度は「柳田の言葉だけを安直に受け入れた」結果であり、「柳田自身の著作がけっしてそうではないことに気づけなかった一種の愚行である」とまで言い切っている〔八木　二〇〇〇：一〇〕。なお、八木は二〇一三年にもほとんど同じ言葉を民俗学入門書のなかで繰り返している〔八木　二〇一三：八〕。

文字で書かれた文献史料への関心が民俗学でも高まるなか、日本民俗学会では「民俗研究は文字文化をどう扱うか」と題した談話会が二〇一二年一一月に行われた。その報告内容は『日本民俗学』二七五号（二〇一三年）の小特集としてまとめられるが、民俗とフィールドにおける文字史料を主題とした議論が交わされたことは画期的であった。

その談話会における報告者のひとりである渡辺圭一は、民俗学における文献史料の扱いについて、「口頭伝承偏重の民俗学」という批判の標的自体が虚像であり、「民俗学が口頭伝承を重点的に扱ってきたという学史的な事実はなく、強いていえば、そこにあったのは文献資料の過度の利用に対する一種の心理的抵抗感にすぎない」と指摘する［渡辺　二〇一三：六五］。そのうえで、問題は文字／非文字という単純な二項対立ではなく、声によるコミュニケーション分析と同じように、文字が媒介となるコミュニケーションの特質をとらえる「真の意味での文字文化研究の再構成」の必要があると提起する［渡辺　二〇一三：七一］。もはや、民俗学においても、文献史料を使うか否かではなく、民俗資料としていかに使うかが問われる段階になってきているといえよう。

4　失われた民俗と文献

文献史料と民俗学について、『講座日本の民俗学　第一巻』（一九九八年）では、中世史研究者の笹本正治が「民俗と文字」を寄稿している。ここで注目すべきは、「伝承者を失ってしまった前近代の習俗については、民俗学でも歴史学でも振り返られることが少ない」とし、「民俗学が文化全体を扱うのであれば、消えていった民俗や、変化する民俗に目を向ける必要がある」という指摘である［笹本　一九九八：八二］。総体としての民俗を理解するには、現存する伝承だけではなく、かつて存在していた民俗も含めて考える必要があろう。消えてしまい伝承も記憶も途絶えているものを復元するには、やはり残された記録によるほかはない。

一例を示そう。奈良県山添村の広瀬地区には、「祭り当人之覚」「祭り当人記」という表題を持つ古文書がある。確認できる限りで享保一九年（一七三四）から昭和一七年（一九四二）まで、約二〇〇年間にわたって残されている。特に興味深いのは、文化六年（一八〇九）以降は、約一三〇年にわたって連綿と貼り継がれ、箱に納められて残されていたことである。

この史料にいう「祭り」とは、同村の氏神社である熊野神社で行われる例祭のことで、「当人」の交替を記録し、前年の文書に貼り継いで、その都度、箱に入れられていたものと思われる。そこで、二〇一七年に山添村教育委員会と奈良大学が古文書調査を行った際、筆者が現地で現行の民俗について聞いたところ、当該地域では次のような行事が行われているようであった。

広瀬区では一六歳以上の男性が三つの組をつくり、年齢順で四軒のイエが一年間、「神さんごと」の役を担当し、これをネンニョ（年預）という。三組あるので、自分の組に順番が回ってくるのは三年に一回である。ネンニョは、今では例祭の準備と宵宮の段取りが主な仕事で、そのほかは「与力」が手伝いをする。このネンニョは年齢順に毎年回ってきて、年配のものがする。一回やったらそれで終わり。各イエで一人となっていて、そのイエの人が亡くなったら子どもが入る。毎年、「トウヤ」を引き継ぎ、紙に名前を書いたもの二部作って一つは木箱に納め、もう一枚を神社拝殿に貼り出す。

〔二〇一七年、筆者聞き書き〕

こうしたことから、二〇〇年の長きにわたって残されている「祭り当人之覚」は、「トウヤ」[*1]の引き継ぎにあたって、その年の「トウヤ」の名前を書いて木箱に収められていたものだと推測された。ところが、この文書に記される名前は、成人男子ではないようで、「孫八子　乙松」（慶応元年）、「吉兵衛子　おとよ」というように、男女を問わない子どもであるのが不思議であった［山添村教育委員会・奈良大学文学部史学科編　二〇二一ａ：四］。当初の推測と文書の内容が合致しないのである。

　これらの古文書は、箱に納められて集会所の屋根裏に保管されていたもので、すでに現用文書ではなくなっていた。文書の存在自体が忘れられていたこともあって、当該文書に書かれているような、子どもが関与する行事の話を現地で聞くことは全く出来なかった。一九四二年までは、確実に行われていた儀礼に関わる文書であるにもかかわらず、儀礼の伝承はおろか記憶さえされておらず、文書を理解する手がかりは残されていなかったのである。

　同じ地域の西迎寺という寺院には、近世に京都の四条で主に仏書を取り扱っていた書肆《しょし》の中野是心《なかのぜしん》が板行した町版の大般若経[*2]も六〇〇巻が完全に揃って残されている。寄進銘から嘉永五～六年（一八五二～一八五三）ころにもたらされたものと考えられている［山添村教育委員会・奈良大学文学部史学科編　二〇二一ｂ：四］。とすれば、幕末期には、大般若経の転読《てんどく》などが行われていた可能性もあろう。しかしながら、調査によって確認されるまで、大般若経の存在自体が地元でも知られておらず、当然ながら関連する信仰や行事についても、すっかり忘却されていた。

　毎年の行事で作成されていた文書や大部の経典が、信仰や生活実践と結びついて存在し、維持されていたものである場合、何らかの事情で儀礼や文書の作成・伝来と関

＊1　トウヤは、頭屋・当家などとも書く。村落の共同祭祀などにあたって、神事の準備や執行などを担当する人、家のこと。任務遂行中は厳しい潔斎が求められることも多い。年齢順、家順などによって交替制でつとめる。

＊2　大般若波羅蜜多経、全六〇〇巻からなる大部の経典。「空」の思想を説くものだが、民間信仰では、厄よけなどの御利益があるとされる。各地の寺院で転読（てんどく）という全体を読む代わりに要所を読み、経典をパラパラと広げてめくる行事が行われている。

わるような民俗事象が消失すると、いともたやすく伝承は失われるのである。

半世紀以上使われていない民具であれば、たとえ所蔵者が漠然と用途を理解していても、それをうまく使えないことはありうるし、代替わりをしていたら何に使うための民具か、所蔵者にとってもわからないと言うことは十分に起こりうる。年中行事の中で作成され、使用される一種の民具としての文字資料という視点から言えば、生活と結びついて作成された文書は、生活や年中行事から切り離されてしまったら、何のために書かれたかがわからなくなることも不思議ではないのである。

とすれば、手がかりは残されたモノ――もちろん、これは古文書だけに限ったことではない――しか存在しない。そこから、伝承者を失った過去の民俗や信仰をできるかぎり具体的に復元することが必要になる。そして、文字史料は、それ自体が黙して語らないモノとは違い、文字によって記された情報を読み取ることで、何のために作成されたか明らかになることも多い。それが如何にして伝来したのかを検討することで、忘却された信仰や生活を復元することも可能になりうるだろう。

5 文献史学から見た民俗学

続いて、いくつかの文献史学の側の動向と民俗学との関係を見ておこう。敗戦後の歴史学においては、マルクス主義の影響が強かった。マルクス（Karl Marx）の提起した発展段階論[*3]は普遍的な歴史法則とされ、その理論に依拠した歴史学は「科学的」であり、戦前の超国家主義的な皇国史観を克服するものと考えられていた。マルクス主義では、社会の歴史を階級闘争の過程として理解していたため、日本では封建的な支配をうけ

＊3 マルクスは、生産力が一定段階に達すると社会的関係との間に矛盾が生じ、階級間の闘争を経て、新しい社会関係が必然的に生じるとし、その過程を古代的・封建的、近代ブルジョア的、そして共産主義的な社会が到来するとした。

ていた農村への関心が高かった。そして、太閤検地論争を皮切りにして[*1]、荘園や近世村落の構造、物村自治についての実態研究が大きく進展していった。

その後も、中世史研究者の間では高度経済成長期以降の相次ぐ開発や圃場整備の進展により、中世的景観が失われていくのではないかという危機感が高まり、荘園の現地調査や荘園絵図の分析、景観の研究が進んだ。そこでは、文献史学の研究者も文献調査に加えて、小字《あざ》の聞き取りや水利灌漑調査などのフィールドワークを盛んにおこない、貴重な成果をあげてきた。

関西では西田直二郎の文化史学を学んだ京都大学史学科出身者が民俗学の成果を取り入れた歴史研究を進めていった。ここで育った柴田実や高取正男の活躍はいうまでもないだろう。西田直二郎に学んだ歴史学者の林屋辰三郎門下からは、三浦圭一『中世民衆生活史の研究』（一九八一年）、横井清『中世民衆の生活文化』（一九七五年）、守屋毅『近世芸能興行史の研究』（一九八五年）、川嶋將生『中世京都文化の周縁』（一九九二年）など、日本中世史の分野で民衆の生活文化をいきいきと描いた豊かな成果が生まれている。

一九八〇年代には、西欧のアナール学派の影響をうけて隆盛を見た社会史が歴史学に「心性（mentalité）」への着目をもたらし、「長期的な時間（longue durée）」による歴史を持ち込んだ。かつては身辺雑事の歴史学という批判もあったが、慣習法などを視野に入れた習俗論としても今日再評価されている。

ここで興味深いのは、柳田の関心が「心意」伝承にあったことである。後に歴史学が史料のなかから心性や習俗を剔出していった社会史に先駆けていることに注意する必要がある。福田アジオが、社会史でいう「長期波動の歴史を形成するのが民俗である」

＊1　安良城盛昭が発表した「太閤検地の歴史的意義」（一九五四年）を契機に、太閤検地の歴史的評価をめぐって交わされた論争。太閤検地が封建的農奴制を実現させた封建革命であったとする安良城による歴史的評価の是非にとどまらず、太閤検地の実態解明や時代区分にもかかわる議論に発展した。安良城による太閤検地に関する一連の論文は同『幕藩体制社会の成立と構造』（一九五九年）にまとめられた。なお、同著は初版刊行後も批判への応答や内容面での増補が繰り返され、一九八六年には増訂第四版が出されている。

と述べていることも想起したい［福田　一九九四：九六］。とすれば、長い時間軸で「民俗」の歴史的変遷を論じることは、自ずと社会史と接近することになる。

なお、ひとくちに「社会史」といっても、アナール学派をはじめとするヨーロッパ史の社会史と、網野善彦に代表される日本史の社会史の研究には、大きな振幅がある。清水克行の整理によれば、大きく⑴非国家史、⑵習俗への着眼、⑶非進歩主義、⑷隣接諸学問成果の積極的導入、⑸非文献史料の積極的活用が、日本中世史における社会史研究の特徴としてあげられるという［清水　二〇二一：一六三―一六四］。ヨーロッパの社会史に比べて習俗への関心が高く、隣接諸学問の研究成果や非文献史料の活用を進めていた日本の社会史研究にあたっては、民俗学の成果が参照されることも多かった。

もっとも、日本史において社会史を牽引した網野善彦[*2]が、渋沢敬三が主宰する日本常民文化研究所月島分室で水産史料の調査に従事し、宮本常一[*3]の知遇を得ていたことはよく知られているので、社会史と民俗学の近さは、事新しく取りあげるほどのことではないのかもしれない。

ただ、日本の社会史研究が、網野善彦や勝俣鎮夫・笠松宏志らの中世史研究者によって推進されたことからも明らかなように、その研究動向は主に中世史研究の内部で完結していた。また、中世の呪術観念は、近世の到来とともに否定されていくと考えられたため、近世の研究分野には社会史の影響が大きく波及することはなかった。にもかかわらず、近世の研究成果が乏しいなかで、社会史研究のなかでは、中世の習俗と現行の民俗などが一足飛びに参照されることもあり、論旨が飛躍した印象を与えていることがあったのも事実である。

＊2　網野善彦（一九二八～二〇〇四）。日本中世史研究者。荘園の実証研究のほか、非農業民や列島の文化的多様性を論じたことで知られる。『無縁・公界・楽』（一九七八年）、『中世の非農業民と天皇』（一九八四年）、『異形の王権』（一九八六年）などがある。主要著作は『網野善彦著作集』全一八巻・別巻（二〇〇七～〇九年）に収められている。

＊3　宮本常一（一九〇七～一九八一）。民俗学者。渋沢敬三の支援で全国をくまなく旅行し、聞き書きを重ねて民俗の研究をおこなった。漁民などの非定住民、被差別民、民具など柳田民俗学であまり注目されてこなかった対象にも積極的に光をあてた。著作は多く大部な『宮本常一著作集』全五〇巻（一九六七～二〇〇八年）があるが未収録作品も少なくない。岩波文庫に収められた『忘れられた日本人』（一九八四年）は広く読まれている。宮本常一の評伝として、佐野眞一『宮本常一と渋沢敬三　旅する巨人』（二〇〇九年）がある。

ここでは、今後の可能性として、「必要以上に呪術観念が持ち出され」た「一過性のブーム」とも見なされていた八〇年代の社会史研究を総括したうえで、習俗・法慣習研究として社会史の可能性を指摘した清水の視点を確認しておきたい［清水　二〇二一：一八〇―一八二］。「社会史」が目指すものは中世に「生きられた」文化の解明だと理解すれば、島村恭則が言うような「ヴァナキュラー（vernacular）」との近さをこそ、確認しておくべきかもしれない［島村　二〇二〇］。

社会史とは別の視点から民俗学に関心を向けていた日本史の研究分野として民衆思想史がある。日本近代史研究者の色川大吉[*1]は、早くから柳田國男の仕事に注意を払っていた。その後、色川の影響をうけつつ深化していったのが民衆思想史研究である。その代表的な研究者の一人である安丸良夫[*2]は、歴史学（日本史学）の意義と役割について次のように述べる。

それが日本社会や日本人についてのよりふかい理解に通じていなければならないことはいうまでもなかろう。日本人の、あるいは日本の民衆の「心」について知ることは、こうした課題の一環であり、それはまた現在の自分について知ることにそのまま通じている。

［安丸　二〇一三a：二八四］

安丸は、そのうえで現在の歴史学が迂遠なものになっていると批判し、「心」の世界を語るには「より基底にあるものをふくめて把握すること」が重要だと主張する［安丸　二〇一三a：二八四］。このような民衆思想史の問題意識は、歴史学・民俗学といった学

＊1　色川大吉（一九二五～二〇二一）。日本近代史研究者。北村透谷など近代思想の研究者で私擬憲法のひとつである五日市憲法草案の発見にも携わった。『明治精神史』（一九六四年）、『ある昭和史』（一九七五年）、『昭和史世相編』（一九九〇年）など諸作は多数。柳田國男について論じた『日本民俗文化大系1柳田國男――常民文化論』（一九七八年）もある。主要著作は『色川大吉著作集』全五巻（一九九五～九六）にまとめられている。

＊2　安丸良夫（一九三四～二〇一六）。日本民衆思想史研究者。『日本の近代化と民衆思想』（一九七四年）で近代化のなかで通俗道徳により主体を形成する民衆の思想を論じた。その後も教派神道や国家の近代化と民衆思想に関する多数の著作を上梓した。主要著作は『安丸良夫集』全六巻（二〇一三年）に収録されているが、安丸の著作は文庫、新書で読めるものも多い。神仏分離と地域社会の葛藤を描いた『神々の明治維新』（一九七九年）と大本の教祖である出口なおの評伝『出口なお』（二〇一三年）を安丸入門として薦めたい。

＊3　偽作された文書のこと。イエの格式を誇示したり、職人集団などが、自らの特権や権利を主張するために作成されたものも多い。様式や内容などから文書の真贋を判定する史料批判が歴

問分野を超えて、共有することができるのではないだろうか。

　また、現在では歴史学の基礎となる「史料」についても、偽文書《ぎもんじょ》*3や地誌・由緒書など、従来の歴史学では排除されることが多く、使われたとしても副次的な扱いしかされなかったような文献史料への関心も今日高まってきている。「史料」の幅も広がり、例えば戦争体験や戦後政治史を語る上でオーラルヒストリー*4がもつ意義が論じられ、歴史考古学*5や絵画史料*6などいわゆる「文献史料」だけにとどまらない「史料」を使った歴史研究も進められている。考古資料についても、広島県で発見された草戸千軒町遺跡*7や一乗谷朝倉氏遺跡*8をはじめとする中世の遺跡はもとより、近世から近現代までも豊かな成果があげられてきている。このような「史料」の広がりとともに、多様な史料を有効に活用するための史料批判などの方法論も磨かれてきた。

　こうした研究の広がりを下支えしたのが、地域史料の丹念な調査と整理を背景にした、重厚な地域研究の蓄積である。一九六八年の「明治百年」を契機にはじまり、一九九〇年代までのあいだに幾度かあった自治体史の編纂ブーム*9を経て、地域史研究は飛躍的に深化を遂げた。地域的な粗密はあるが、全国の地方文書がかなり徹底的に調査整理され、自治体史の史料編などで少なくない新出の中世・近世文書が活字化された。

　また、一九八八～一九八九年に政府がすすめた「ふるさと創生事業」やバブル景気の追い風もあって、自治体史編纂終了後に編纂過程で収集された史資料を軸にした博物館などの施設の建設も相次いだ。これらの施設は、歴史民俗資料館を名乗るものも多く、文献史料、民俗資料、考古資料に限らず、多様な史資料を地域理解のための資料として収集し、保存・公開している。実際の運営にあたっては指定管理制度*10などの制度上の

史学の基礎的作業とされてきたが、近年では偽文書も排除することなく、その作成意図を読み解くことで史料としての積極的な活用が行われている。一例として久野俊彦・時枝務編『偽文書学入門』（二〇〇四年）を挙げておく。

＊4　歴史学の研究にあたって聞き取った関係者や当事者の口述。オーラルヒストリーについての入門書としては、大門正克『語る歴史、聞く歴史』（二〇一七年）などがある。

＊5　文字史料が存在しない先史ではなく、比較的文献史料にも恵まれた時代の遺跡を対象とする考古学。中世・近世のみならず、近代化にかかる遺跡や戦争遺跡など近現代も対象とした考古学的研究もなされている。民俗学との関係でいえば、中世・近世墓地の発掘成果も蓄積されている。一例として、江戸遺跡研究会編『墓と埋葬と江戸時代』（二〇〇四年）を挙げておく。

＊6　絵巻や屏風、肖像画などの絵画作品を歴史史料として読み解くもの。入門書として黒田日出男『増補絵画史料で歴史を読む』（二〇〇七年）を挙げておく

＊7　広島県福山市の中世港町の遺跡。一九三〇年の芦田川改修工事で五輪塔や古銭などが出土していたが、学術的な発掘調査がなされるのは一九六一年から。一九七三年以降、本格的な発掘調査が進み中世における港町の姿が明らかになった。

問題に加え、資料の収蔵環境、財政面や雇用形態などの面で多くの課題を抱えるものの、職員の尽力により地域資料の収集や保管、調査研究などで重要な役割を果たす拠点となっている。一九八七年の公文書館法により、歴史的公文書の保管と公開も公文書館などの施設で進められている。さらに、史料所蔵機関では、目録などの電子化やデジタルアーカイブ整備の努力も進められている。

こうした環境にあって、歴史・民俗の共同調査や共同研究も多く、貴重な成果が既に幾つも積み上げられている。民俗学においても、文献史料を活用した「民俗」の「歴史的」な研究もまた、決して珍しいものではなくなってきている。

本書は、以上のような動向をふまえて、歴史学と民俗学が建設的な対話をしていくための試みとして、文献史料から「民俗」について考えるにあたっての、ささやかな問題提起である。

とはいえ、限られた紙幅で、多種多様な文献史料のすべてを俎上にあげることはできない。さしあたり、近世の文献史料を中心とし、読解に特別な訓練を必要とする古文書そのものは随時参照する程度とする。また、近年の民俗学で民俗書誌論[*1]などの分野で注目されているフィールドに内在する文字史料――すなわち、年中行事や生活のなかで作成され、そのなかで利用されるもの――についても、ここでは多くを触れられない。[*2]

これから論じるのは、主にフィールドの外部に存在する随筆や地誌といった文献である。つまり、柳田が言う「文庫作業」を念頭に置いたものである。かつての柳田や堀一郎、中山太郎、そして宮田登とは対照的に、近年では地誌や随筆といった史料を積極的に活用する研究者は多くないようだ。歴史学の分野でも、地方文書をはじめと

＊8　福井県福井市にある城下町遺跡。戦国時代の朝倉氏の城下町で武家屋敷、寺院、町屋、道路などが、ほぼ完全な姿で発掘された。出土品は二〇〇七年に国の重要文化財に指定されている。

＊9　一九六八年の「明治百年」、その後の一九七〇年代には各自治体での「市政〇周年」、一九八〇年代のバブル景気など、多様な機会で次々と市町村史が編纂されていった。市町村史は複数巻にわたり、事業は数年にわたって継続されることが多いが、一九九五年の合併特令により、自治体の合併が実施されるころまで続いていたところも多かった。地方文書や民俗の悉皆的調査の機会となったことに加え、若手研究者が地域調査の手法を習得する場でもあった点でもその果たした役割は大きかった。

＊10　二〇〇三年の地方自治法改正で導入された公的施設の管理運営を民間の企業や法人に委託することができる制度。数年単位での請負契約となることが多く、事業の継続性が担保できないことや、収益を確保するためのコスト削減が懸念されること、職員の身分が不安定になりがちなことなどの問題がある。

した一次史料の発掘が進み、地誌や随筆は史料的な価値が低いものと見られている。

そうしたなか、あえて地誌や随筆を取り上げるのは、何より多くが活字化されていて、利用が比較的容易であるというメリットがあるからである。種々の事情に制約されてフィールド調査などが困難な時には、大いに有用だろう。

もちろん、フィールド調査の代替というような消極的な理由だけではなく、断片的ながらも地誌や随筆であるが故に読み取ることができる情報がある。例えば、江戸時代都市民の心意のように、現代において聞き書きが容易ではないことを知るには、近世の随筆に現れた市井の風聞、世間話が大きな手がかりになる。

厳密には一次史料とはいえない地誌や随筆といった史料は、その性質から書かれている内容の真偽について厳密に明らかにすることは非常に難しい。そこで、本書での分析にあたっては、地誌や随筆を一種のメディアとしてとらえ、メディア論[*3]を参考に検討したい。その方法とは、記事内容の真偽よりも効果を重視する視点に立つものである。私文書や公文書などの特定の読み手を想定したものと違って、地誌や随筆の多くは読まれることを前提として書かれたものだ。それだからこそ、書かれている内容だけでなく、その情報が読み手に与える効果については検討に値しよう。その随筆などに書かれた情報が流布するにあたっては、必ずしも書かれている内容の真偽は問われていない。

以下、第二章では地誌、第三章では随筆について、その概要と活字化された史料を利用する上での留意すべき点を論じ、第四章でこれらの史料を活用した具体的な事例について示す。その際、ここでは、随筆や地誌を使った民俗研究の先達である宮田登も取り組んだ王権と民俗を中心に見ていくことにしたい。

＊1　民俗書誌論は小池淳一が提起した議論で、民俗文化のなかに存在する多くの文書を排除することなく、文字を操り文書を作成することも生活文化の一齣として理解し、文書を民俗理解のために慎重に取り上げようというもの［小池　一九九六、同　二〇〇四］。

＊2　これらの論点については、小池淳一「民俗書誌論」（一九九六年）、宮内貴久『家相の民俗学』（二〇〇六年）、笹原亮二編『口頭伝承と文字文化』（二〇〇九年）、川島秀一『本読みの民俗誌』（二〇二〇年）などを参照されたい。

＊3　メディア論については、さしあたり吉見俊哉『改訂版メディア文化論』（二〇一二年）、佐藤卓己『現代メディア史　新版』（二〇一八年）を挙げておく。

二　地誌

1　柳田國男が読んだ地誌

地誌とは、ひとことでいえば、一定領域の地理・風俗・歴史などを記した書物ということになる。古代の『風土記』をはじめとして、多種多様な地誌が作成されてきたわけだが、特に近世には各地でさまざまな地誌の編纂がなされていた。

近代には、近世に執筆された地誌類が続々と活字化されて刊行されている。柳田國男が編集していた『郷土研究』[*1]誌上でも、雑報として『張州府志』[*2]・『作陽志』[*3]・『芸藩通志』[*4]などの近世地誌類についての出版情報や所感が掲載されている〔柳田　一九七〇ｆ：三三二―三三三〕。柳田が各地で進められた近世地誌の出版に関心を寄せ、実際に目を通していたことがわかる。

ところで、柳田の時代における地誌への接し方について、忘れてはならないことがある。今日、私たちは近世の地誌類を歴史史料として接しているが、少なくとも大正期にあって、それらは柳田らの世代にとって過去の書物、すなわち古典籍などではなく、同時代性を持って流通していたものなのである。

『郷土研究』に「地誌大系再着手」と題した柳田の小文がある。『大日本地誌大系』として、一九一四年から近世地誌の叢書が刊行される。この計画に対する柳田の期待感が伝わるが、「大系に採録する書目」について、「既に木版活版になつて流布する二三の本を取入れてある点」を彼は批判している〔柳田　一九七〇ｆ：三三二〕。

＊1　『郷土研究』は、一九一三年に柳田國男が創刊した民俗研究誌。当初は高木敏雄が編集実務を担当していたが、翌一九一四年に高木が柳田と決別してからは柳田の単独編集となる。一九一七年に終刊するが、柳田による「毛坊主考」「巫女考」をはじめ、地方経済と郷土研究理解をめぐって南方熊楠と交わされた論争まで、初期の民俗学を理解する上で重要な記事が掲載されていた。

＊2　尾張藩主徳川宗睦の命で内藤正参（まさみつ）（一七二八～一七八八）が編纂し、その没後に赤林信定が整理編集した尾張地誌。尾張藩内の情報が詳細に記されていたために尾張藩では秘本扱いとなる。

＊3　長尾勝明（かつあき）・江村宗晋（そうしん）による美作国西部六郡の官撰地誌。元禄四年（一六九一）に藩主に献じられたが、東部六郡は未完。

＊4　文政八年（一八二五）完成の広島藩地誌。藩が各村に国郡志御用係を命じて提出させた資料をもとに編纂した。

この時に『大日本地誌大系』に収められたものでは、『山州名跡志』『伊勢参宮名所図会』などが板本で刊行されていたものである。いまから百年前の当時においては、近世の和本類も広く流通しており、古いものはともかくとして、一九世紀のものであれば蔵書家などから比較的容易に手にすることが出来た。だからこそ、そうしたものを敢えて活字化する必要性に柳田は疑問を呈し、「どうしても賛成することが出来ぬ」と述べたのである［柳田　一九七〇f：三三二］。

柳田と板本地誌との関わりで最初に想起するものとして、赤松宗旦《あかまつそうたん》による『利根川《とねがわ》図志《ずし》』[*5]がある。同書は、柳田が少年時代を過ごした茨城県の布川周辺を対象とするもので、一九三八年に岩波文庫として刊行された際には、柳田が校訂を担当している。

柳田は布川での少年時代に、板本の『利根川図志』を目にしていた。この『利根川図志』には、安政二年（一八五五）の序文があるが、柳田が布川で過ごしていた明治二〇年（一八八七）頃といえば、同書の刊行からわずか三〇年である［柳田　一九七一a：五〇六］。現在のように近世の和本が図書館において貴重書に指定され、特別な手続きを経ないと閲覧できない状況とは異なっていたのである。もちろん、当時はくずし字で書かれた板本のテキストであっても、一定の人びとには無理なく読めていたはずである。

近世地誌へのアクセス環境はもとより、そこに示された情報を過去の歴史史料として読むか、近い過去の記憶として読むかという、地誌の「読み方」が当時と今日では違っているのである。同じ地誌を手にしていても、現代人は柳田とは異なる「読み方」をしていることも意識しておく必要があるだろう。

＊5　下総国布川（現・茨城県）の医師、赤松宗旦による地誌。刊行年は明らかではないが、安政二年（一八五五）の自序がある。利根川流域の寺社や物産、伝説などを記したもの。巻一の「物産」の項には絵入りで河童が掲載されている。

2　官撰地誌略史

日本近世史の分野では、地誌についての研究が進んできている。そこでは、近世に幕府や藩の手で編纂された官撰地誌が、『大明一統志《だいみんいっとうし》』*1をはじめとした中国地誌の影響をうけたものであったことが指摘されている［白井　二〇〇四：二九］。

幕府や藩が主体になって編纂した官撰の地誌は、権力が支配している地域の歴史や風俗、産業などを把握することを意図したもので、地誌編纂自体が領地権の一表現であるとされている。そのため、官撰地誌の政治性に着目したうえで、政治史や権力論といった歴史学の研究テーマと結びつけて論じられてきたのである［羽賀　一九九八、白井　二〇〇四］。

近世官撰地誌として筆頭に掲げられるのが、徳川幕府に儒者として使えた林羅山*2の手による『本朝地理志略』（一六四三年）である。

その後、各藩で『大明一統志』を参考にして地誌編纂が進められ、会津藩撰の『会津風土記』（一六六六年）をはじめ、広島藩の『芸備国郡志』（一六六三年）、熊本藩『国郡一統志』（成立年不明）などが成立していく。

京都においては、黒川道祐《くろかわどうゆう》による地誌『雍州府志《ようしゅうふし》』*3（一六八六年）や『日次紀事《ひなみきじ》』*4（一六八五年序）が刊行されている。これは、官撰ではなく私撰の地誌だが、黒川は林羅山に儒学を学び、広島藩に儒医としてつかえた人物で『芸備国郡志』の編纂に携わった。広島藩を辞した後、京都に移住して京都地誌の編纂にもあたっている。それゆえ、『雍州府志』は官撰ではないのだが、構成や文体などの内容面では『大明一統志』の影響が大きい。

地域社会に大きな影響を与えたのは享保一四年（一七二九）に最初の幕撰地誌として

*1　明の勅撰による全九〇巻からなる地誌で、李賢らによって天順五年（一四六一）に完成。全領土を行政区画別に記述した。中国では統一王朝が成立するごとに地誌が編纂されたが、本書は朝鮮や日本に大きな影響を与えた。江戸時代の正徳三年（一七一三）には和刻本も刊行されている。

*2　林羅山（一五八三〜一六五七）。江戸時代前期の儒者。道春と称し、号は羅山。建仁寺で儒学を学び、藤原惺窩の推薦で徳川幕府につかえた。儒書を講じ、古記録の校訂や外交文書の起草などに携わった。朱子学が幕府の正式な学問となるうえで重要な役割を果たし、羅山の子孫は代々大学頭となって幕府の学問を支えた。

*3　黒川道祐による山城国を対象とした最初の総合的組織的地誌。都のある山城を長安のある雍州になぞらえて書名とした。寺社、物産、風俗などが漢文体で記されている。

*4　黒川道祐による京都の年中行事書。一月を一巻とし朔日から晦日までの行事を記す。全一二巻で構成。刊行年は不明ながら貞享二年（一六八五）の序文があるので、それ以降だと考えられている。非公開の神事について記したために出版直後に禁書となった。

編纂が開始された関祖衡・並河誠所による『五畿内志』[*5]である。本書も『大明一統志』を範とした構成となっており、漢文体で記された。

この地誌編纂にあたっては、事前に幕府から各地に協力を要請する触が出されたうえで、並河による廻村調査が行われた。並河は、各地の神社・墓地・地名の調査を進め、調査に伴って古戦場・式内社等への建碑願いもしている。そして、所在不明となっていた『延喜式』神名帳所載の神社を比定していき、「式内社」[*6]と判断された神社には従来の神社名ではなく、『延喜式』所載の社名を記した標石を建てた［井上 二〇〇〇：一—二四］。並河の考証には必ずしも妥当とはいえないものがあるが、こうした顕彰活動と地誌への記載は、当該神社の権威化にもつながった。その後、『五畿内志』は他の地誌編纂にあたっても参照されていくことになる。

並河の建碑と『五畿内志』の影響について、一例を挙げておこう。『延喜式』によれば、京都には「隼神社《はやぶさじんじゃ》」という神社があったことが記されている。一七世紀には失われていたようで、貞享三年（一六八六）刊の地誌『雍州府志』でも、正徳元年（一七一一）刊の京都地誌である『山州名跡志』と『山城名勝志』でも、神社名と典拠とする古記録を引用するのみで、所在地について記してはいない。

ところが、享保一八年（一七三三）のこと、『月堂見聞集《げつどうけんもんしゅう》』[*7]によると『五畿内志』の調査にあたって京都を訪れていた並河が、現地で次のような行動に出ていたことを記す。

○蛸薬師通の西の野、壬生寺へ参候西の方の野中に、古き小祠あり、今度江戸より並河五一郎と申仁《もうすじん》、蒙御免《ごめんをこうむり》、五畿内古跡穿義に上京之処に、此間右之古

＊5　正式な名称は『日本輿地通志畿内部』。当初は日本全国を対象とした地誌『日本輿地通志』として編纂作業が進められた。関祖衡は志半ばで病没し、その遺志を継いだ並河誠所が享保一九年（一七三四）に五畿内を対象とした六一巻を完成させ、幕府に献上した。

＊6　延長五年（九二七）成立の『延喜式』第九・一〇巻を「神名帳」と通称し、そこに官社として掲載される神社を「延喜式内社」、あるいは略して「式内社」と呼ぶ。延喜式所載の神社でも、近世までに所在不明になっているものが多く、新たな考証によって比定されたものもある。なお、複数の候補があって、延喜式内社と明確に確定できない神社を「論社」と呼ぶ。

＊7　本島知辰（月堂）による全二九巻からなる見聞雑録。元禄一〇年（一六九七）から享保一九年（一七三四）までの京都・大坂を主として江戸や諸国の巷説や事件、風俗などについて編年体で記している。

キ額祠を取り捨て、白川石にて土台をいたし、其上へ同石にて碑石建つ、隼神社と彫込、黒漆を入る、坊城川浄福寺通東方東向に立つ（下略）。

（『月堂見聞集』巻二七［早川編　一九一三b：二七五］）

つまり、並河は野中にあった荒廃していた小祠（図1）を「隼神社」と認定し、かつての祠を廃棄して再興し、そこに「隼神社」を記した石碑を建てたのである。当然、翌享保一九年（一七三四）に完成した『五畿内志』の内容にもその成果は反映され、「同京四条坐神一社隼神社」の所在地を「在四条坊門坊城西」と明確に記している。

こうして「隼神社」と認定され、建碑までされたことで、祠は『延喜式』所載の古社と見なされるようになっていく。例えば天明七年（一七八七）に刊行されている『拾遺都名所図会』では、隼神社について次のように記されている（図2）。

隼社　四条坊門千本通りの東、圃の中にあり。古へは社頭巍巍たり。いま小祠となる。（中略）世人隼をハヤクサと謬り通称し、また謬り略して瘡神ともいふ。瘡毒平愈（癒）を祈願の者、土にて団子の形をこしらへ、土器に盛りて神供とす。かやうなる謬伝所々にあり。これ、しかしながら一心再拝の謹啓に頭を傾けぬれば、などか利生なからんや。ただ世俗に循ふて信仰すべし。

（『拾遺都名所図会』巻一［市古他校訂　一九九九a：一四五］）

『拾遺都名所図会』の著者である秋里籬島《あきさとりとう》は、地域社会では「隼社」をハヤクサと呼び、

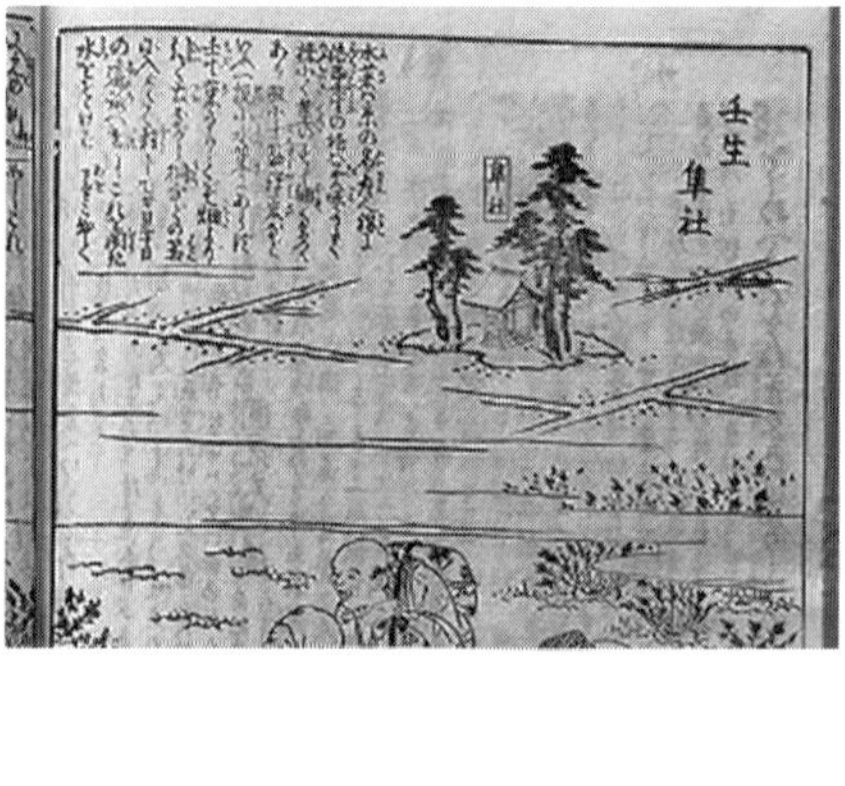

図1　近世の隼神社（『拾遺都名所図会』巻一、〈部分〉）

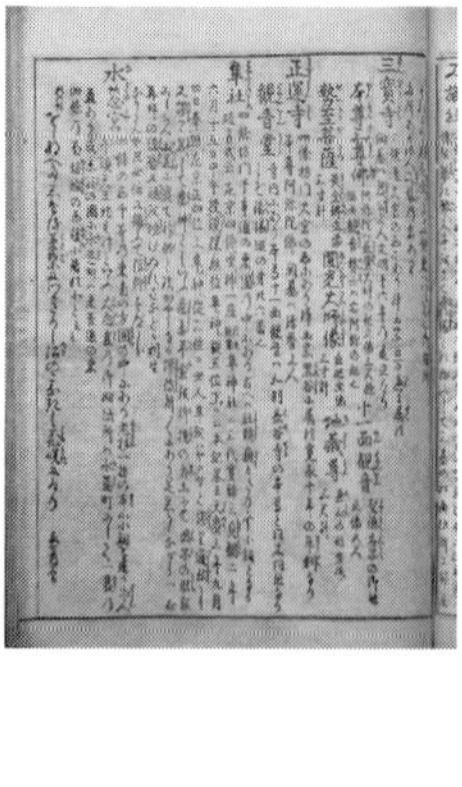
図2　『拾遺都名所図会』巻一「隼社」の項

そこから「瘡」の病気平癒に御利益があると信じられていたという民間信仰の存在を伝えている。この記事からは、当社に土団子を供えていたということがうかがえて興味深い。

秋里の考証では、「隼社」を誤ってハヤクサを呼んだとする。だが、前述した『月堂見聞集』の記述を想起すれば、並河によって発見されて『延喜式』所載の「隼社」の名で呼ばれるようになったのは享保一八年（一七三三）のことだ。むしろ、在地で「隼」が訛って伝えられたというよりも、並河が近世には失われていた「隼神社」を比定する際に、現地で「ハヤクサ」と呼ばれていることを耳にして、『延喜式』などに見える神社名と音が近いことから、強引に結びつけたと考える方が自然であろう。

このように並河が行った考証の妥当性については、個々の事例について慎重に検討する必要がある。とはいえ、並河によって地域の衰退していた小さな祠に光があてられ、古代の神社との結びつきが「発見」されるとともに、建碑によって固定化していったことは、地域社会に過去の歴史を意識させる意味で、大きな影響を与えた。その波紋は、椿井《つばい》政隆《まさたか》による偽文書作成にまで及び、『五畿内志』を補完するような内容をもつ「椿井文書」[*1]が作成され（図3）、南山城地方の「式内社」に伝えられるのである［馬部 二〇二〇：一三三―一四二］。

地域社会が歴史を意識する契機は、『五畿内志』の編纂だけではない。水戸彰考館の『大日本史』[*2]編纂に伴う全国的な史料調査や、享保期に進められた幕府のアーカイブズ整備なども、一七世紀末から一八世紀はじめにかけて行われている。こうした事業によって、地域社会において歴史意識が高まり、古文書・古記録への関心も高まっていくことになった。

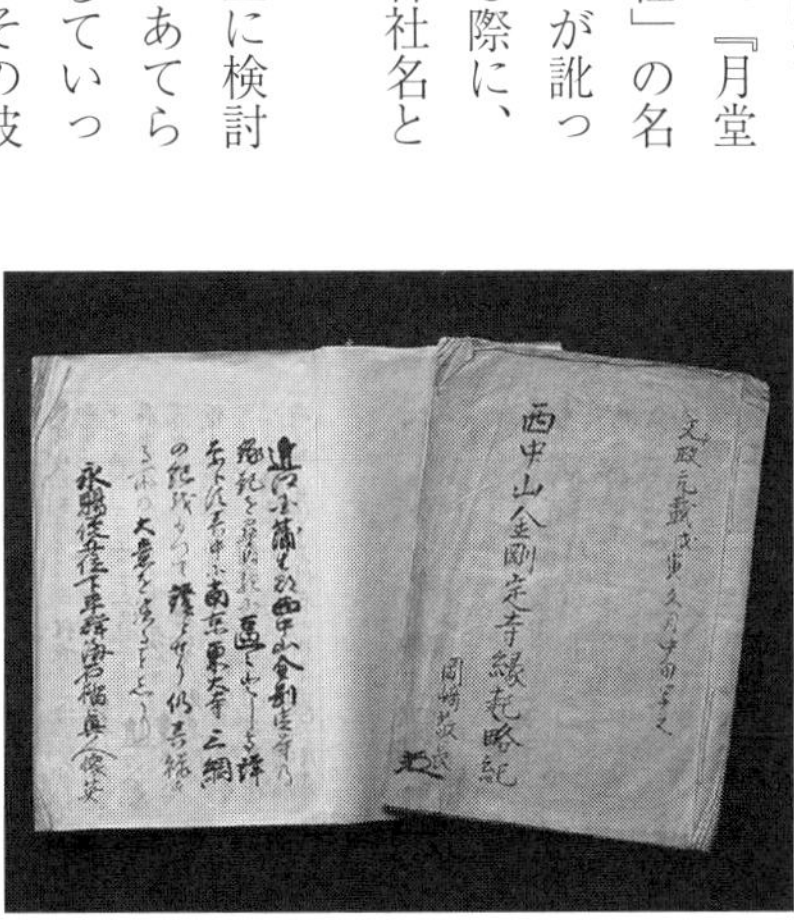

図3　椿井政隆が作成した「西中山金剛定寺縁起」

＊1　山城国相楽郡椿井村（現・京都府木津川市）の椿井政隆（一七七〇～一八三七）が偽作した文書のこと。江戸時代後期に、椿井は中世の年号をもつ偽文書を数多く作成しており、それらは南山城・近江・河内・大和などで多数確認されている。「椿井文書」は、戦後の自治体史編纂や地域史研究で真正なものとして扱われてしまったため、町おこしで活用されるなどの問題が起きている［馬部 二〇二〇：一九三―二〇三］。

その後も、官撰地誌の編纂は続けられている［白井　二〇〇四］。一九世紀には、昌平《しょうへい》黌《こう》[*1]地誌調所によって『新編武蔵国風土記稿』（一八三〇年）が完成し、さらに江戸府内を独立させた『御府内風土記』の編纂が進められている。『新編武蔵国風土記稿』編纂と平行して、相模国での調査も進めており、天保一二年（一八四一）には『新編相模国風土記稿』が完成し、浄書本が将軍に献上された。

幕府に献上された『御府内風土記』は火災で焼失したようだが、その際の編纂史料が『御府内備考』（一八三〇年）として残されている。同じ頃、幕府の命をうけた紀州藩でも『紀伊続風土記』の編纂がなされている（一八三九年完成）。

3　名所記の後裔

ここまで見てきたのは、中国で編纂された『大明一統志』などの地方志の影響を受けた漢文体で書かれた官撰地誌の概略であるが、地誌には官撰のもの以外にも民間で作成された仮名書きのものがある。そのルーツといえるのは各地の名所を案内する名所記である。これも地誌の一種といえるが、政治や権力との関係が希薄なためか、歴史学では官撰地誌に比べれば、水江漣子が一七世紀の江戸町方研究のなかで分析対象としているほかは、あまり注目されていない［水江　一九七七］。

名所記の代表作として、まずは、浅井了意《あさいりょうい》[*2]による『江戸名所記』（一六六二年）、『京雀』（一六六五年）、『東海道名所記』（刊期不明）や、中川喜雲《なかがわきうん》『京童』（一六五八年）、『鎌倉物語』（一七世紀）など、仮名草子[*3]の諸作品が挙げられよう。

そして、京都では、一八世紀になると歴史意識や記録への関心が高まり、単なる名所

＊2　水戸藩の徳川光圀の手で編纂が始められた紀伝体の日本史書。全三九七巻。明暦三年（一六五七）に編纂事業を始めた。編纂にあたっては全国各地で調査を行い、史料収集につとめた。光圀在世中に本紀と列伝が完成するが、その後は作業が停滞し、編纂事業が再開するのは寛政年間（一七八九～一八〇一）であり、完成は明治三九年（一九〇六）である。大義名分を重んじたことや南朝を正当とした点などは、幕末の政局や思想にも大きな影響を与えることになる。

＊1　昌平坂学問所ともいう。もとは林家の私塾だったが、湯島聖堂成立時に敷地内に移転し、のち幕府直轄の学校となった。

＊2　浅井了意（?～一六九一）。江戸時代の僧で仮名草子作家。『堪忍記』（一六五九年）、『東海道名所記』（刊年不明）、『可笑記評判』（一六六〇年）などのベストセラーを次々と刊行。『浮世物語』（一六六五年頃）や、中国の怪異小説を翻案した『伽婢子』（一六六六年）は、後世にも大きな影響を残した。

案内記にとどまらないような、文献による考証や現地調査をふまえた作品も登場した。正徳元年（一七一一）に刊行された大島武好『山城名勝志《やましろめいしょうし》』全二一巻三〇冊は、七〇〇点以上の書物を引用し、史料や文学作品に登場する地名などを中心に「名所古跡」について論じている。

著者の大島は、公家につかえていた人物で、公家社会に伝わる厖大な史料を閲覧することが可能な環境にあったのであろう。『山城名勝志』は「名所古跡」を中心に論じたもので、「近年初て建るところの仏院神社は載せず」という原則で書かれており、その視線は主として過去に向けられている。興味深いのは大島の執筆姿勢で、先行研究・大島自身の見解、在地の伝承を史料の記載とは明確に区別しようとする。「凡例」には先行する説を引く場合は「或云《あるいはいわく》」、自身の見解は「今案《いまあんずるに》」、さらに現地での伝承については「土人言《どじんいわく》」と書き分けるとしている。

一例を示せば、巻五では『宇治拾遺物語』に記される「五条道祖神」について、

○道祖神〈或京程図在五条南西洞院東南半町、一本巽角四分一云々、今按新町西五条面民家後園近世迄有小社、土人称首途神《カトテ》、于今有社跡、是道祖神歟可尋〉

（『山城名勝志』巻五［新修京都叢書刊行会編　一九六八：二一六］）

と記している（図4）。最初に「京程図」という史料を比較検討し、当該地付近に小社があるという大島による調査結果を「今按」として示した上で、「土人称」と記して現地では「首途神」と呼んでいることを示す。そのうえで、これが「道祖神」か検討を要

＊3　近世初頭に仮名で書かれた作品を指し、小説だけでなく、案内記や教訓、評判記など文学性の希薄なものも含む。中世文学と本格的な近世小説である浮世草子との過渡的な存在とされる。

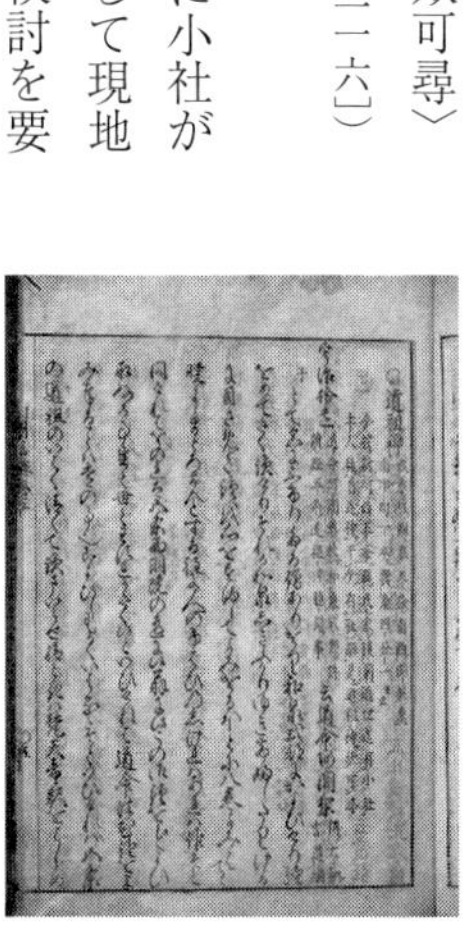
図4　『山城名勝志』巻五「道祖神」の項

するという大島の見解を付している。なお、ここでは省略したが、この後には道祖神が登場する『宇治拾遺物語』の本文が引用される。このように決して安易な断定をすることなく、根拠となる史料や現状を示したうえで、考えられる可能性を示す学術的な姿勢が貫かれている。

また、巻八では太秦広隆寺付近の「木枯明神」について、『広隆寺縁起』所載の「木枯ノ明神」について触れるとともに、「座広隆大門南民家後園、土人呼コガラケノ社」と広隆寺門前の民家に神社があり、現地では「コガラシ」が転訛したと思われる「コガラケノ社」と称していることが記されている〔新修京都叢書刊行会編　一九六八：三七二〕。

こうした典拠を示して論じていく学術的な姿勢は、同書の史料としての信頼性を高めることになっている。また、文献による考証と現地での伝承を明確に区別していることで、「土人言」の部分を注意深く扱えば、一種の民俗誌としても活用できるかもしれない。

白慧[*1]による『山州名跡志《さんしゅうめいせきし》』（一七一一年）全二二巻二五冊は、『山城名勝志』と同じ年に刊行された地誌である。この書では、文献史料も引用しているが、視線は同時代に向けられているのが特色である。実地調査を行い現存するものは○、失われたものには●、未詳のものは△と記号を付している点が特色といえよう。

巻一八にある、平安時代の公卿源高明の邸宅[*2]「西宮」について論じた項では、次のように書かれている。

> 愚案此所、今云ふ佐井の南に当る歟、今火葬場の南に、東西に径あり。其南に

＊1　白慧（一六四四頃～一七一一頃）。坂内直頼、山雲子とも号し、出家後は白慧と名乗った。年中行事書の『山城四季物語』、諸国神社の縁起を列挙した『本朝諸社一覧』、噺本の『軽口大わらひ』、仏書『浄土勧化三国往生伝』など、幅広い分野の著作がある。

＊2　平安時代の公卿で醍醐天皇の皇子。左大臣にまでのぼったが、安和の変で失脚した。京都の右京四条に邸宅を構えていたことから、西宮左大臣と呼ばれた。

東西十間余、高さ三間許の山の形あつて、小竹を生す、土人是を飯山と号す。昔公家の第にして、仮山を築しむるに、村民に多く飯を恵む、故に号之と（下略）

（『山州名跡志』巻一八［蘆田校訂　一九七一b：四三九］）

白慧は、『拾芥抄』という史料にある「西宮」所在地を右京の四条北、朱雀西とする情報を手がかりに、その付近に該当しそうな場所を探し、「飯山」と呼ばれる「公家の第」という伝承がある地を見いだした。その妥当性については措くとして、現地踏査をして、考証の手がかりとした在地伝承を書き留めていることは注目されよう。

こうして、一八世紀には、学術的な研究水準の高まりともに、歴史・民俗を考えるうえでの史料としても価値の高い個性的な地誌が次々と刊行されていった。

名所記や私撰地誌の到達点ともいうべき作品が、秋里籬島[*3]による『都名所図会』（一七八〇年）、『拾遺都名所図会』（一七八七年）である（図5）。この京都の名所を平易な文章で紹介した絵入りの書物は、当時ベストセラーになった。『都名所図会』の刊行にあたっては、当時の出版上の規則で他社の出版物と類似する内容の書物（類版）を出版することができないため、版元の須原屋平左衛門は先行京都地誌の出版権にあたる板株[*4]を買い集めていた。当然ながら、その過程で自然に先行著作の情報も版元や著者のもとに集まり参照できる環境が整えられることになる［藤川　二〇一四：二〇二］。

『都名所図会』の魅力は、やはり名所の詳細な俯瞰図が豊富に掲載されていることであろう。「凡例」によれば、寺社境内の広狭を図中に描かれる人物の相対的な大きさで表現していると書かれている。見開きで収まらない場合は、数丁にわたって連続して

＊3　江戸時代の読本作家。『都名所図会』がベストセラーとなり、その後も各地を対象とした挿絵をともなう名所図会を刊行した。そのほか、絵入りの軍記物語や誹諧の入門書など多くの著作がある。

＊4　書物の版木所有の権利。内容が同じものを重板、内容を少し変えただけのものを類版といい、板株所有者以外が海賊版の発行禁止を定めた。実際の板木を売買したこともあるが、板木が火事などで焼失していても権利はなくならなかった。

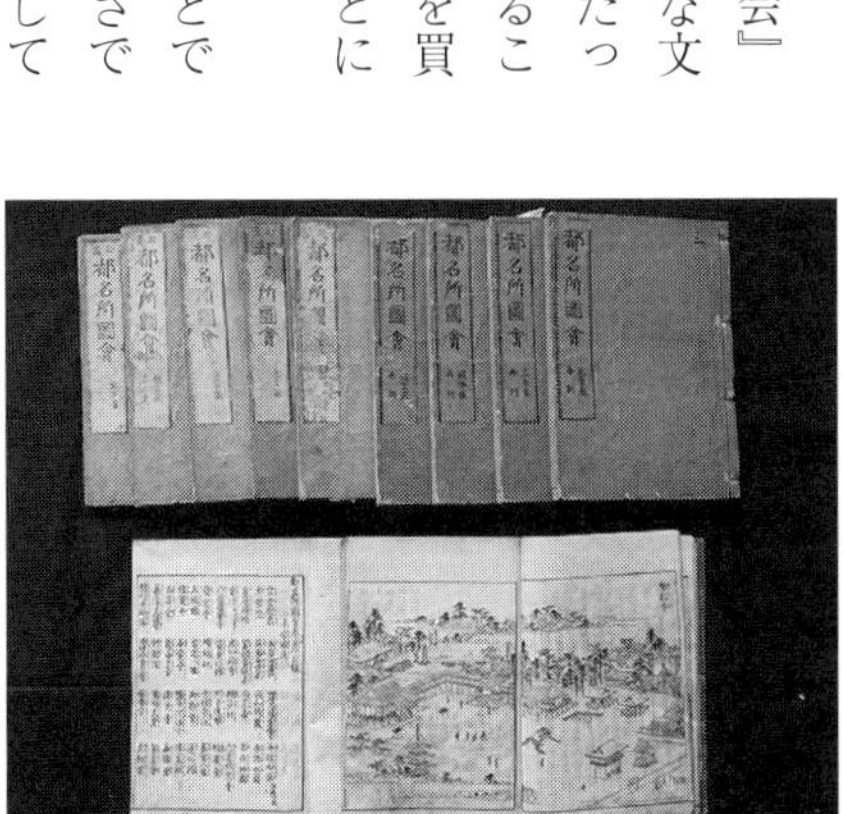

図5　『都名所図会』『拾遺都名所図会』

風景が描かれており、一種のパノラマのように楽しむことができる。本書が絵図に力を注ぎ、そのリアリティや情報量に気を配っていたことがうかがえよう。

秋里は、『都名所図会』の成功によって、その後『和泉名所図会』（一七九六年）、『東海道名所図会』（一七九七年）、『摂津名所図会』（一七九八年）、『河内名所図会』（一八〇一年）といった類似の作品を次々に刊行していく。各地でもその影響を受けた『名所図会』を題した同様の書物が、さまざまな筆者によって編纂されて刊行されていくことになる。

名所図会に掲載された絵図は、かなり正確に描かれているものも多い。ある寺院では、図に見える建物は現存してないが、その跡地を探してみると建物の礎石が確認できたことがある。建物ばかりではなく、『都名所図会』のある神社では、図に描かれているのと同じ場所に藤棚が現在もあって驚いたこともあった。寺社の建築や施設の配置、境内景観については、かなり丁寧に描かれているようで、刊行から二四〇年以上経った今日でも、現地でその正確さを実感することが少なくない。

また、時に祭礼の様子など民俗行事を四季の風景として描いたり、町の店先の様子などをとらえていたりする興味深い挿絵も少なくない。例えば、『摂津名所図会』巻二（一七九六〜一七九八年）の天王寺村「合邦辻焔魔堂」の風景を描いた図を見よう（図6）。ここには、閻魔堂前の往来に子どもたちが縄を張って女性の通行を妨げている様子が描かれている。絵の意味を解読するには、「六万体の泥くじり祭にゆきゝの人をとゞめて銭を乞ふをよめる」という言葉が添えられているのが手がかりになる。

宝暦一一年（一七六一）の序がある矢島酉甫《やじまゆうすけ》の地誌『本朝国語』巻一には、「泥くじり祭」について、次のように書かれていた。

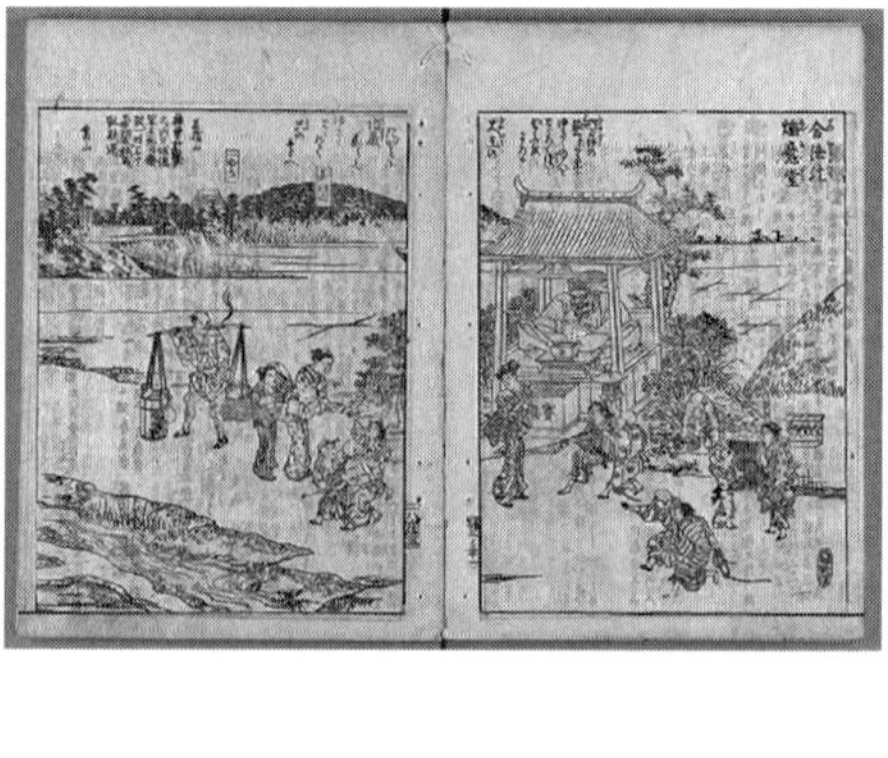

図6　『摂津名所図会』巻二（国立国会図書館蔵）

摂津天王寺へんに六万躰といふ所あり。聖徳太子石の仏六万たい作り給ふ所なる故に名とす。しかるに十一月十六日には天王寺村中に此祭りあり。土俗、是を泥くぢり祭といふ。土祖神祭の転語なるか。此祭りの日天王寺のへんゆけば、子供大勢あつまり縄に泥をつけて往来の人々にまとひ、祭のくわんじんをこふ。銭二三銭あとふれば縄をときて通す。所の習ひにて、昔よりかくのことし。但し縄に泥をつけるゆへ泥くちり祭といふか、しらず。

（『本朝国語』巻一［京都大学文学部国語学国文学研究室編　一九九五：二三三］）

つまり、天王寺村では、一一月一六日に「泥くじり祭」といって、子どもたちが泥をつけた縄を往来に張り、往来の人から「祭のくわんじん（勧進）」として銭をとっていたという。確かに、少女を先頭とする一団の後ろの方では、子どもたちに銭らしきものを与えている女性の姿が見える。

「泥くじり」が道陸神、すなわち道祖神の転化であり、子どもたちが人の往来を妨げているのも塞の神を祭る行事だからであろう。閻魔堂横の地蔵石仏に御供が見えているのは、道祖神と地蔵尊が習合していたからだと思われる。左端の天秤棒を担いだ男性は、くわえ煙草で、その様子を振り返って眺めているが、既に子どもたちに銭を取られたあとのように見えるかもしれない。

ここで、曲亭馬琴[*1]の手による歳時記『誹諧歳時記栞草』（一八五一年）を見ると、「道祖神祭」の項に次のような記事が掲載されている。

*1　曲亭馬琴（一七六七〜一八四八）。江戸時代の読本作者。姓は滝沢、名は解。号は著作堂主人など。『三七全伝南柯夢』（一八〇八年）や八犬士の活躍を描いた長編小説『南総里見八犬伝』（一八一四〜四二年）などのほか、『燕石雑志』（一八一一年）などの考証随筆も多い。『西遊記』を日本が舞台となった物語に翻案した『金毘羅船利生纜』（一八二四〜未完）もある。

（一一月）十六日　摂州天王寺領、天王寺村にあり。祭る所、猿田彦命なり。この日、一村の童あつまり、往来の人に銭を乞ひて祭礼の料とす。銭をあたへざれば、戯れに縄を以て往来を遮り留む。よりてこのことをしるもの、商買といへども、今日、此処を通らず。但堺の魚荷飛脚は、故ありて道路わずらひなしとぞ。

（『誹諧歳時記栞草』冬之部〔曲亭馬琴編　二〇〇〇：三四五〕）

前半は『本朝国語』と大きく変わらないが、興味深いのが最後の部分だ。堺からの魚荷飛脚[*1]だけは、何らかの由緒があるようで、この「泥くじり祭」のなかでも、支障なく通行ができたらしい。図6の左側の男性が持つ荷の中身がよくわからないのが残念だが、右の籠のなかには魚が描かれているようにも見える。あまり飛脚らしくはないので断定はしかねるが、無事に通過できた魚荷飛脚だとすれば、この『摂津名所図会』の挿絵は、非常に多くの情報が詰め込まれた貴重な史料だということになろう。それ以外の名所図会でも、本文のみならず挿絵からも、極めて多くの情報を引き出すことができそうである。

『都名所図会』の影響をうけた作品群のなかでも特に重厚なものが、江戸神田の町名主であった斎藤幸雄らにより三代にわたって書き継がれ、斎藤月岑[*2]の手で完成され、長谷川雪旦の詳細な絵が添えられた『江戸名所図会』（一八三四〜一八三六年）七巻二〇冊である。

近世において、官撰・私撰を含めた地誌類は、各地で様々なものが作られ、刊行さ

＊1　江戸時代の大坂と堺の間を往復した飛脚。魚の運搬とともに手紙などを預かり飛脚も兼ねたので「魚荷飛脚」、あるいは単に「魚荷」と称した。

＊2　江戸時代後期から明治にかけての文人。斎藤家は代々江戸神田の名主をつとめた家柄。江戸の地理、年中行事や風俗にも詳しく、名主としての業務のかたわら、『江戸名所図会』や『東都歳時記』『武江年表』などを編纂。これらの著作は、いずれも江戸研究にあたっての重要史料となっている。斎藤月岑には文政一三年（一八三〇）から四六年間にわたる日記があり、すべて活字化されて『大日本古記録』に収められて岩波書店から刊行されている〔東京大学史料編纂所編　一九九七〜二〇一六〕。

れたり、写本で伝えられ、広く読まれてきた。地誌を活字化した叢書としては、『大日本地誌大系』（一九一四～一九一七年、全一四巻、のち雄山閣から書目を追加し全四〇巻）などがある。そのほかにも、地誌類では活字化されているものが多い。『江戸名所図会』や『都名所図会』などは、何度か文庫本にもなっている。地誌は、地域史研究に不可欠な史料のため、大手出版社だけでなく各地にある出版社や新聞社、図書館などの公共施設が刊行している場合もある。

地誌類は地域性もあって個性豊かで数も多いので、全体像を把握することは困難だが、平凡社から県ごとに刊行されている歴史地名大系『〇〇県の地名』の巻末にある文献解題は、それぞれの地域にかかわる地誌についての情報を一覧できて便利である。

なお、前述のように地誌には、大別して二系統の地誌がある。すなわち、官撰地誌と民間で編纂された地誌である。もちろん、広島藩で官撰地誌編纂をした黒川道祐が、藩を辞してから京都で『雍州府志』（一六八六年）を上梓したように、単純に官／民で分けることはできないが、大きく二つの系統があることは知っておいてよい。当然ながら、官と民で編纂された地誌は、それぞれの編纂目的が異なり、想定される読者も違っているだろう。つまり、ひとつの記事を取り上げるにしても、必ずしも同じ地誌としてひとくくりにすることはできないのである。

4　地誌と通俗的地理・歴史意識

本章の冒頭で柳田が地誌に接していたことについて触れた。近世から近代にかけて、すくなくとも一九世紀においては、地誌は特定地域の歴史や文化について知ろうと思った時に、比較的身近な情報源であった。

ここで、民間で刊行された地誌の筆者について見てみよう。すると、地誌の作者には、戯作文学や読本、随筆の作者と共通する人物も少なくないことに気づく。

例えば、仮名草子作者の浅井了意は、地誌に分類される『京雀』（一六六五年）、『江戸名所記』（一六六二年）、『東海道名所記』（刊年不明）を執筆する一方で、怪談集『伽婢子』（一六六六年）や『狗張子』（一六九二年）、教訓書『堪忍記』（一六五九年）、そして歴史書『北条九代記』（一六七五年）といった文学作品も書いている。黒川道祐も地誌『芸備国郡志』（一六六三年）『雍州府志』（一六八四年）『日次紀事』（一六八五年序）のほかに随筆の『遠碧軒記』（一七五六年刊）や紀行文の『近畿歴覧記』がある。

江戸の地誌『江戸名所図会』（一八三四〜一八三六年）、年中行事書『東都歳時記』（一八三八年）を書いた斎藤月岑には、考証家としての作品に、音楽史に関する『声曲類纂』（一八四七年）や江戸の年代記『武江年表』（一八七八年）がある。

また、『都名所図会』（一七八〇年）をはじめとした作品で知られる秋里籬島には、あまり知られていないが『源平盛衰記図会』（一七九四年）『絵本保元平治物語』（一八〇一年）といった軍記物がある。

つまり、地誌の書き手は、随筆・創作などの書き手でもあったということになる。しばしば、読み手は歴史・地理・文学など研究目的によって、随筆・地誌、そして文学などに分類される作品を選択的に手にすることになる。だが、近世の知識人はジャンルに限定されることなく幅広く知的活動をしていた。こうした諸作品は、情報・人的交流のなかで生み出されたものであり、随筆と考証、そして創作は孤立していたわけではない。

これは作者だけの問題ではなく、受け手側に関わってくる問題である。概して受け手は多様な情報に一体として接する。特に、現代のように公教育で歴史や地理を体系だって学ぶ機会が少ない時代にあって、まずは名所記（観光ガイドブック）、そして開帳の場などで語られる寺社縁起（略縁起）、芝居や読本などで接する軍記（歌舞伎・浄瑠璃の時代物）が、歴史や地理の情報と接する場となっている。そうした場では、学問的・通史的理解ではなく、特定の場と関わる英雄とトピックスの集積が、歴史や地理イメージを作り出す。

つまり、前近代社会の通俗的地理・歴史意識が多様な挿話から構成されていたとすれば、土地に関わって語られる伝説もまた、通俗的地理・歴史意識と無縁ではありえない。そこに、時間軸を与えていくのは、例えば幕末に広く読まれた武家を中心とする頼山陽の歴史書『日本外史』[*1]などであろう。

時には、軍記物語や芝居などから、その舞台になった地域で「史蹟」が発見されたり創出されて、それが地誌などに掲載されることで、今度は在地の伝承として新たな展開を遂げることもある［村上　二〇二〇：二〇四―二〇五］。

当該地域において、いかなる過去が選び取られ、地域の由緒来歴を説明するに相応しいものとして特定の固有名詞が選択され、定着するかという問題は、地域の自己認識や歴史観を反映している。複数の地誌類の記述を丁寧に時系列に沿って追跡することで、地域の文字テキスト受容のプロセスや、〈歴史〉の語り方の変遷を跡づけることができることもあろう。口頭伝承と文字テキストとの関係は、口頭から文字への一方通行ではないことだけは、地誌を読むにあたって確認しておきたい。

＊1　頼山陽（らいさんよう）による源平の時代から徳川までの武家の興亡を漢文体で記した通史。全二二巻。文政一〇年（一八二七）に完成し松平定信に献じられた。広く読まれ、全体を貫く尊皇思想と大義名分論の視点は幕末の尊王運動にも大きな影響を与えた。

三　随筆

1　活字化された近世随筆

宮田登は、「一般民衆の日常生活や身辺の卑近な事実を記録化したもの」を民俗史料と呼び、「近世の民俗史料というと、随筆類がその筆頭にあがる」［宮田　二〇〇六：五二］と述べる。

随筆が、「民俗史料」として広く利用できるようになっているのは、『日本随筆大成』[1]の存在が大きい。そのほかにも、国書刊行会から出版された『燕石十種』全三巻（一九〇八年）と『新燕石十種』全五巻（一九一二～一九一三年）、中央公論社から出版された三田村鳶魚[2]編『未刊随筆百種』全一二巻（一九七六～一九七八年）と森銑三[3]編『随筆百花苑』全一五巻（一九七九～一九八四年）などの随筆を集めた叢書でも多くの作品が活字化されている。

『日本随筆大成』刊行に先立って、随筆の普及にあたって重要な役割を果たした出版社として注意しておきたいのが、一九〇五年に設立の国書刊行会[4]である。国書刊行会は、一九二二年の解散までに、二六〇冊もの書籍を刊行している。そのなかには、『甲子夜話』全六巻（一九一〇～一九一一年）、『近世風俗見聞集』全四巻（一九一二～一九一三年）、『増訂武江年表』（一九一二年）、『新燕石十種』全五巻（一九一二～一三）、山崎美成『海録』（一九一五年）、三田村鳶魚編『鼠璞十種』全二巻（一九一六年）、『民間風俗年中行事』（一九一六年）、津村正恭『譚海』（一九一七年）、『百家随筆』全三巻（一九一七～一九一八）といった多様な

＊1　江戸時代に書かれた随筆類の集大成をすることを目指して一九二七年から刊行された一大叢書。第一期から第三期まで三〇〇種近い作品が収録された。当時は円本ブームといわれ、一冊一円の全集類が多数刊行されていた。日本随筆大成もそうした出版状況のなか短期間で刊行されたものだったため、校訂にやや難があった。一九七三年になって、校訂を加えたうえで新たな解題を載せ、旧版に若干の作品を追加した新版が吉川弘文館から刊行された。

＊2　三田村鳶魚（えんぎょ）（一八七〇～一九五二）。江戸の政治・文化・風俗の研究で知られ、江戸学の祖とされる。新聞記者などを経て、雑誌『日本及日本人』（一九〇七～一九四五年）などに江戸文化に関する記事を数多く発表する。その主要な著作は『三田村鳶魚全集』（一九七五～八三年、全二七巻、別巻一、中央公論社）にまとめられている。

随筆を活字化したものがある。

　興味深いのは、この国書刊行会の活動期が、柳田國男が随筆などを駆使して論文を執筆していた活動時期とほとんど重なっていることである。例えば、「毛坊主考」「巫女考」などが掲載された『郷土研究』は一九一三年から一九一七年に刊行されたものであり、柳田自身が「沢山の記録を引用」したという『山島民譚集』は一九一四年の出版である。一九〇六年時点の国書刊行会名簿を見ると柳田國男の名前が見える（『高潮』第四号、一九〇六年）から、会の設立当初期から柳田が会員であったと考えて大過あるまい。柳田の豊かな知識の背景には、内閣文庫で厖大な原典を繙読していたことがあったのはまず間違いないが、国書刊行会によって活字化され、定期的に自宅に届けられる史料の存在も大きかっただろう。史料は手もとにあることで、思いついたときにいつでも、繰り返し参照できるようになり、活用の幅が広がるものである。

　少なくとも、柳田は、国書刊行会の『徳川文芸類聚』巻八を参照し［柳田　一九六八d：一〇八、柳田　一九七〇e：一二二］、津村正恭の随筆『譚海』（一七九六年跋）について言及［柳田　一九六八a：三八五］している。また、一九一四年の『郷土研究』第二巻八号では、同年に刊行されたばかりの古記録『言継卿記《ときつぐきょうき》』について、「上元の風俗を研究する人にはさしおくべからざる史料」として紹介している［柳田　一九七〇g：三四二］。

　興味深いのは『一目小僧その他』所載の一九一七年発表の「一目小僧」に添えられた「補遺」で、「国書刊行会の某役員から一目小僧の記事がこの八月彼会出版の『百家随筆』第一の五〇五頁落栗物語の中に出てゐるが知つてゐるかとの注意」があり、「早速出して読んで見た」という［柳田　一九六八c：一五六］。柳田の書斎には、すぐに手に取るこ

＊3　森銑三（せんぞう）（一八九五～一九八五）。歴史学・書誌学者。江戸・明治の風俗・人物研究で多くの業績がある。西鶴や浮世草子の研究でも知られている。主要な業績は『森銑三著作集』（一九七〇～七二年、中央公論社）全一三巻、『森銑三著作集続編』（一九九二～九五年、中央公論社）全一七巻に収められている。岩波文庫の『増補新橋の狸先生』（一九九九年）や柴田宵曲との共著『書物』（一九九七年）は手軽に読めて、森の魅力が詰まった佳編。

＊4　大隈重信を総裁として設立された出版社で、古典籍・古記録を月二冊刊行し、会員に実費制で配本していた。会員への実費頒布であり、書店での流通を想定してなかったので、国書刊行会の書籍に奥付に「非売品」とある。一九〇六年時点で役員を除く会員は国内外に約三六六〇名にのぼった。

とができるところに国書刊行会の書物が架蔵されていたのであろう。

現在は、柳田の頃と比べても随筆類へのアクセス環境は大きく変わってきている。厖大な近世随筆を集成した叢書である『日本随筆大成』（一九二七〜一九二九年、新版一九七三〜一九七八）は、新版であれば比較的規模の大きな図書館には架蔵されているから、容易に読むことができるだろう。

『甲子夜話』[*1]『貞丈雑記』[*2]のような、重要でかつ情報量の多い作品も平凡社の東洋文庫で活字化されている。また、『日本庶民生活史料集成』全三〇巻（一九六八〜一九八四年）のような叢書類や、岩波文庫などでも種々の随筆類が活字化されており、今や多くの重要な随筆類が比較的簡単に手にとることができるようになっている。

とはいえ、近世を通じて書かれた随筆は厖大であり、未翻刻作も少なくない。だが、近年では国立国会図書館、国文学研究資料館、早稲田大学図書館などの史料所蔵機関が、多くの古典籍をデータベース化し、本文の写真もオンライン上に公開している。国立国会図書館が二〇〇九年から資料の大規模デジタル化事業を進め、二〇一一年に「国立国会図書館デジタル化資料」をインターネット公開し始めたころから、デジタルアーカイヴの整備が一気に加速した感がある。どこにいても、時間を問わず、史料の本文にあたれるわけだから、研究環境は大幅によくなっている。こうした知的資源はおおいに活用したい。

もちろん、柳田が「書物に埋もれた」経験から述懐しているように、「書物といふものは一生かゝつても見終ることはない」ものには違いない。そこで、柳田は「文献だけを漁り廻してゐるより」も実地で調べた方が効果はあるという［柳田　一九七一a：

*1　平戸藩主だった松浦静山が隠居してから綴った随筆。文政四年（一八二一）の甲子の夜に起筆したことが名の由来。松浦が没するまで二〇年にわたって書き続けられ、正篇一〇〇巻、続編一〇〇巻、三編七八巻に及ぶ。戦国武将の逸話や市井の異事奇聞、民間の風俗や海外情報など内容は多岐にわたっている。

*2　有職家の伊勢貞丈による有職故実考証随筆、全一六巻。貞丈が子孫のために書き記していたものに弟子が改訂を加え、没後の天保一四年（一八四三）に刊行された。礼法から飲食、武具など項目ごとに整理し、詳細な考証を加えている。

三七七]。これは、書物不要論ではなく、柳田は書物で「要点をつか」んだうえで行う実地調査の効果について語っていることを見落としてはならない。

2　近世随筆の多様性

近世の随筆の多くが活字化され、アクセスが容易になったからこそ、注意しなければならないのは、その随筆がどのような姿で伝えられていたかである。考証随筆などは刊本として出版されたものも多い。こうした著作は、当然ながら不特定多数が商品として購買することを念頭に記されたものであるから、記事内容もそうした読者を意識したものになろう。

一方で、近世の随筆のなかには、公刊されることなく写本で広まっていったものもある。そうしたもののなかには、一定の読者を想定したものもあるが、公開することを想定しない手控えのようなものが、後に写本となって流布したものもある。例えば、老中の松平定信が在任中の天明七年（一七八七）から寛政五年（一七九三）に行っていた寛政の改革にともなう世情を報告するために、定信の家臣が風聞を書き留めた『よしの冊子』[*3]は、関係者の手元に秘蔵され、ほとんど知られていなかった。このように、子孫などの手を経て筆写されたり、近代以降に公共機関に収められていたものが、研究者の手で紹介されて広く知られるようになった作品は、当然ながら公刊を前提としたものとは執筆態度も異なる。その記事内容も公刊された考証随筆などとは変わったものになるだろう。

ところが、こうした違いは後の時代に活字化されて叢書類に一括して収められてし

＊3　水野為長（一七五一～一八二四）が主君の松平定信に世情を報告するために風聞を集めて記録したもの。段落ごとに伝聞であることを示す「の由」という表現があるのが表題の由来。寛政の改革をめぐる世相を知る上で貴重な史料。原本は門外不出だったが定信の死後に遺品から見つかった原本からの抄出本があり、その写本が国立国会図書館などに所蔵されている。原本は所在不明。『随筆百花苑』第八・九巻（一九八〇・八一年）で活字化されている。

まうことで、見えなくなってしまうのである。すべて同じ随筆として、等価なものとして考えてしまう危険性には留意すべきである。

近世随筆とされているものは、実に多種多様で、明確に内容から分類整理することは難しい。きわめて大雑把に整理するとすれば、以下のようになる。

(1)考証随筆　風俗習慣や過去の歴史や有職故実などに考証を加えた論考
『貞丈雑記《ていじょうざっき》』『近世奇跡考《きんせいきせきこう》』『閑田耕筆《かんでんこうひつ》』『嬉遊笑覧《きゆうしょうらん》』『守貞謾稿《もりさだまんこう》』など

(2)異事奇聞　著者が耳にした珍しい話題を書き留めたもの
『甲子夜話《かっしやわ》』『耳袋《みみぶくろ》』『兎園小説《とえんしょうせつ》』『半日閑話《はんにちかんわ》』など

(3)紀行・見聞　著者が旅先や身辺で見聞きしたことを記録したもの
『菅江真澄遊覧記《すがえますみゆうらんき》』『羇旅漫録《きりょまんろく》』など

(4)抜き書き　先行著作や諸文献から関心のある箇所を書き写したもの
『翁草《おきなぐさ》』『嘉良喜随筆《からきずいひつ》』など

(5)覚え書き　自身の考察や見聞などを備忘として書き留めたもの
『遠碧軒記《えんぺきけんき》』など

もちろん、これ以外にも様々なものがあるし、上記に例示した随筆の中にも多様な内容の記事が含まれており、一概に論じることはできない。これは、あくまでも概略にすぎない。

民俗学的な研究では、上記（2）は世間話の資料として、（3）は一種の民俗誌として使うことができよう。（1）も考察にあたって当時の風俗などに言及されることも多いので、民俗誌としての活用も可能である。（4）（5）も、思いがけない箇所に、貴重な記事がでてくることがある。宮田の言を俟つまでもなく、総じて近世の随筆は民俗学的な研究にとっても貴重な情報が詰まった宝庫ということができそうだ。

ただ、何しろ厖大な量の随筆である。このなかから、目当ての記事を見つけ出すのは簡単なことではない。なかには無秩序に記事が掲載されているものもあって、どこにどのような記事が掲載されているか、予測がつかないことも多い。

そこで、必要となるのが索引である。索引の一例として、まず太田為三郎[*1]の『日本随筆索引』（一九二五年）『続日本随筆索引』（一九三二年）がある。見出し語が旧仮名遣いで配列されているので、例えば「怪異」（クワイヰ）なら「カ」ではなく「ク」の項を見る必要があったり、典拠が略称を使っていたりするなど、慣れないと少し使いにくいかもしれない。

太田の索引は項目と掲載書を記すのみで、原典にあたらないと詳しい内容はわからないが、柴田宵曲他編『随筆辞典』全五巻（一九六〇～一九六一年）では、当該項目に関する随筆の本文を引用している。そのため、語彙の有無だけでなく、その前後関係や記載内容を確認することができる。もちろん、最終的には原典を確認する必要があるが、概要がつかめるので調査の開始にあたっては有用だろう。同書は、衣食住編・雑芸娯楽編・風土民俗編・奇談異聞編・解題編とテーマ別になっているので、こういった分野の研究を行う際には、一読してみれば手がかりが見つかるかもしれない。

妖怪・怪異関連に限ってであるが、国際日本文化研究センターが運営する「怪異妖

＊1　太田為三郎（一八六四～一九三六）は図書館の司書、館員。『日本随筆索引』編纂時は東京図書館（のち帝国図書館、一九四九年に国立国会図書館に統合）勤務。太田の『日本随筆索引』は図書館における随筆検索の便宜のために編纂された。『日本随筆大成』が一九三一年に完結すると、太田はただちに『日本随筆大成』収載の随筆を中心とした『日本随筆索引続編』を編纂し、一九三二年に刊行している［稲村　一九七四：二一―二三］。

怪伝承データベース」は、民俗学関係雑誌の民俗誌などに加えて、『日本随筆大成』第一期〜第三期（底本は一九七三〜一九七八年刊の新版）などの随筆類からもデータを収録している。テーマによってはこうしたデータベースを使えば簡便に情報を集めることができる。とはいえ、データベースもカード作成時に見落としがないとも限らないし、妖怪などの名称をともなわない怪異現象などは採録されていない可能性もある。

なにより、随筆の記事に見える民俗的な事象は、柳田がいうところの「偶然記録」であり、書き手の意図とは別に、研究者にとって有用な情報が「偶然」に記録されるものである。だから、それがどこで見つけられるかはわからない。空振りも多いが、思いがけないところで、こちらが予期しないような貴重な情報と出会う場合がある。やはり、時間を見つけて自ら随筆を繙き、関心に沿って少しずつでも資料カードなどを作って情報を集めておくよりほかはない。

近世の随筆で厄介なのは、「是皆虚説にして、其頃営中にてかかるあとなし事を作りて、誰の作こそ能く弘まりたれなと、夫をなぐさめとせしことはやりける」（『豊芥子日記』巻中「第十九偽言之怪事」〔早川編　一九一三c：四九七―四九八〕）とあるように、意図的に嘘を広めていた人もいたということである。わざと虚構の情報を流し、「誰の作」が一番広まったかを競っていたというわけだから、多くの随筆に掲載されている情報であっても「虚説」かもしれない。史料で確認できるからといっても、軽々には信用できないということになる。

無論、創作であったとしても、「効果」を論じるなら、広まったこと自体に注目するのもひとつの方法だろう。本当らしさを出すためには、どこかで当該社会の通念や既存の枠組みを利用しているとも考えられる。また、柳田國男も、「人間は到底絶対の虚妄を談じ得る者では無い」といい、「どんな空中楼閣にも足場があつた」と虚談にも何らかの［柳田　一九六九a：一七二］よりどころがあったとする。たとえ偽りであったとしても、その情報が真実として広く巷間に流布した以上は、出自が創作か否かを問わず、世間話として認められているのである。

とはいえ、意図的なデマを研究者が事実だと誤認して、なんらかの民俗信仰の存在を証明しようとすれば問題であろう。随筆の異事奇聞を素材として活用するには、可能な限り複数の史料で照合し、背景情報を吟味するなどの慎重な史料批判が不可欠である。

３　知識人ネットワークのなかの近世随筆

近世の随筆は知識人が記したものが多く、彼らのネットワークを介して情報が広がり、相互参照されることになったものもある。近世には、好古家、好事家たちが集まり、自慢の書画や古器物などを持ち寄り、互いに論評をして、異事奇聞の情報交換をする会なども開かれていた。例えば、京都では文化八年（一八一一）から知識人たちによる以文会という組織がつくられ、少なくとも嘉永年間（一八四八〜一八五四）頃までは月例会が開かれていた。その際の話題を記録したのが『以文会筆記』である［三宅　一九二九］。また、江戸でも山崎美成《やまざきよししげ》＊1・谷文晁・曲亭馬琴といった当代を代表する知識人による集まりである耽奇会《たんきかい》が行われていた。そこでは、古書画や骨董が持ち寄られ、考証が加えられた。その記録が『耽奇漫録《たんきまんろく》』（一八二四〜一八二五）である。耽奇会の中心的なメンバーのひとりであった曲亭馬琴は、山崎美成や屋代弘賢《やしろひろかた》＊2などの同好の士とと

＊1　山崎美成（一七九六〜一八五六）。江戸時代の随筆家。江戸の薬種商の家に生まれたが学問に没頭し、家業を顧みなかったために山崎家は零落したという。風俗考証を行い、曲亭馬琴らと行った「耽奇会」などの肝煎をつとめた。『提醒紀談（ていせいきだん）』（一八五〇年刊）などの随筆がある。

＊2　屋代弘賢（一七五八〜一八四一）。江戸時代の国学者。幕府右筆となり『古今要覧稿』（未完）、『寛政重修諸家譜』（一八一二年）などの編纂に従事する。屋代は風俗や年中行事に関する質問状を全国に発送しており、その回答として各地から寄せられた『諸国風俗問状答』は全国的な民俗調査の先駆的業績として柳田國男も評価している。

もに、文政八年（一八二五）から毎月集まって異事奇聞を披露しあう会、兎園会も催していた。そこでの話題は『兎園小説』（一八二五年）という随筆に書き留められている［日本随筆大成編輯部編　一九七三］。

　複数の会で主要構成員となっていた山崎や馬琴といった当時を代表するような知識人は、多くの随筆類を残しているので、こうした場で話題にあがった情報を、それぞれが自らの随筆に備忘として書き残し、自身が考証するうえでの傍証として引用することもあった。となれば、知識人ネットワーク間で流布していた情報には重複があり、実際以上に数が多く見えることになる。

　同じ情報が複数の随筆に載っている場合も、その情報に個々の筆者が別々にアクセスしたのか、それとも誰かが取得した情報が知識人ネットワークを介して共有され、各自が個々の随筆などに記載したのかといった伝達ルートも問題になろう。単純に随筆を検索して、語彙の出現頻度を計数するような作業を行うには、随筆の特性や情報源への十分な注意が必要である。

　さらなる問題は、相互参照の連鎖により、事実誤認が拡大し、定着していくことがあるという点だ。例えば、井上章一は次のような事例を紹介している。

> 並河天民という学者が、京都の北郊にある雲ヶ畑を訪れた際に、神社でもないのに民家の屋根に「千木」を載せているのを見た。それが防風のためであったことを知った天民は、もともと神社の千木・鰹木[*1]には実用性があったことを指摘した。ところが、その著作が参照、剽窃、引用をくり返されていくうちに、雲ヶ畑の民

家に千木ではなく、鰹木があったということになってきた。その結果、山城国愛宕郡雲ヶ畑には、すべての民家に堅魚木があるかのように理解されるようになってしまったという。［井上　二〇一三：一九―一〇一］

天民が見たのは、萱葺き屋根を重い置き千木でおさえた「丹波棟」という様式の民家だっただろうと井上は指摘している。とすれば、そもそも屋根を置き千木でおさえるのは雲ヶ畑固有の様式ではなく、丹波をはじめとした地域で広く行われている建築だということになる。たまたま並河が目にしたのが雲ヶ畑だっただけのことにすぎない。後の考証随筆だけを見れば、まるで京都郊外の雲ヶ畑には屋根に鰹木を置いた特殊な民家建築の様式があったかのように見えてしまいかねない。まして、雲ヶ畑には木地師[*2]の祖とされる惟喬親王《これたかしんのう》が隠棲したとも伝えられているので［惟喬親王事跡顕彰会　一九六七：一〇―一一］、こうした雲ヶ畑の伝承と千木をめぐる言説が結びつけば、さらなる大きな誤りを生じる可能性もあった。

　このように、小さな誤解が、引用の連鎖を経るなかで拡大をしていくこともある。明らかな誤りであっても、複数の史料に繰り返し引用されていれば、事実かもしれないと感じられてしまうこともあるだろう。できうる限り情報の出所などを吟味し、複数の史料と対照するなどの慎重な態度が必要である。

＊1　千木は神社建築の棟両端に交差して立つ木材。鰹木は棟に直角になるように平行に並べた部材。並河天民以前は、千木を陰陽・月日などを結びつけた神学的な説明がなされることが多かったという［井上　二〇一三：二五］。

＊2　轆轤（ろくろ）を使って椀などの木工製品をつくる職人。木地師の間では惟喬親王が轆轤を考案したという伝説が伝えられ、木地師の祖神として信仰されている。

四　文字文化と王権

1　和歌による除災

ここで、実際に随筆を使って、近世の王権[*1]をめぐる心意と文字文化について考えてみたい。民衆思想史の安丸良夫も指摘しているが、近世の随筆類を繙いてみると「多くの民衆が突然大きな不安にとらわれる」現象がしばしばあらわれている［安丸　二〇一三b：一八―二三］。突如として、疫病や災害の噂が流れ、人びとが右往左往している。安丸は、災害によってもたらされる「病気と死」は権力が管理し得ない「根源的な否定性」であり、世界全体の不調を象徴するものであるとした。そして、不安を契機として行われる民俗が、権力の制御から逃れようとすることで生ずる緊張感に注目し、こうした民俗への対抗と抑圧を経て、近代的秩序が形成されると論じた。

ところで、宮田登も指摘していることだが、近世では流行病などの際に天皇が書いたとされる和歌を庶民が書いて貼るような呪いが行われていた。宮田は「王というのは、庶民のレベルでは、厄よけや、厄祓いの神格」として知られていたと指摘する［網野・宮田・上野　一九八八：一七四―一七五］。とすれば、安丸がいうような幕藩権力が管理しえない「根源的な否定性」は、王権という権威への接近を促すという側面があったとも考えられる。

このように、「天皇のフォークロア」について、近世随筆から明らかにしていくことで、庶民が抱いていた天皇イメージに接近することも可能になるだろう。[*2]注目したいのは、天皇の呪力が発現し、人々が護符としていたという和歌である［宮田　一九七七：三六―

＊1　王権（kingship）一般に王の権力、統治権のことをいう。ここでは天皇に加えて退位してなお朝廷に影響力を持つ上皇も含めて論じている。

＊2　文献史学の分野では、一次史料に基づいた近世朝廷の実態解明が大きく進展し、朝廷の祭祀権と幕府との関係についても研究されている［井上　二〇一二、高埜　二〇一四］が、ここでは実態ではなく、朝廷の外側にある史料を使って民衆による天皇観について論じてみたい。

＊3　もとは中国の公文書に「律令に従って速やかに遂行せよ」という意味で書かれた言葉。のちに陰陽道などにおける呪術で悪魔祓いの語として使われた。近世以降も修験者などによる呪符で見られるものである（図7）

三七〕。なぜ、天皇の和歌が護符となったのか。宮田がいう不安・災害から逃れるための手段として採用されていた文字で書かれた和歌による呪術と王権について、随筆を使って少し詳しく見ていくことにしたい。

そもそも、文字を使った呪術は古代から行われていた。呪符木簡の出土が各地から報告されており、「急々如律令」[*3]などの文字が書かれている。とはいえ、多くの呪符では、文字は必ずしも意味をなすものではなく、単に図形的に配置されている。そうした意味で、梵字のように意味はわからないが神秘的表象と目された文字と同じように認識されていたのであろう〔武井　二〇二〇：七三―七四〕。

しかしながら、疫病除けとして広く見られる「蘇民将来の子孫」という文字は、神秘的表象ではなく、明確なメッセージである。疫神は、自らを歓待してくれた蘇民将来に対して、蘇民将来の子孫は疫病にかからないようにしようと約束したとされている。そこで、疫神に対して「蘇民将来の子孫」であることを文字で伝え、その約束を守らせることで、疫病から逃れようとする呪術である（図８）。

「蘇民将来」のお守りは、「汝蘇民将来の子孫と云ひて茅の輪を腰の上に著けよ」（『釈日本紀』「備後国風土記」逸文）とあるように、必ずしも文字で書くことを前提としていたわけではなかったようだ。しかし、天文一一年（一五四二）には祇園社で「蘇民将来子孫也」と書く杉守が配られていたことは確実なので、中世にはさかのぼる〔下坂　二〇二一：一八七〕。

ここで強調しておきたいのは、このような呪術が成り立つのは、中世において疫神が「蘇民将来の子孫」と書かれた文字を読み、メッセージを理解することができると

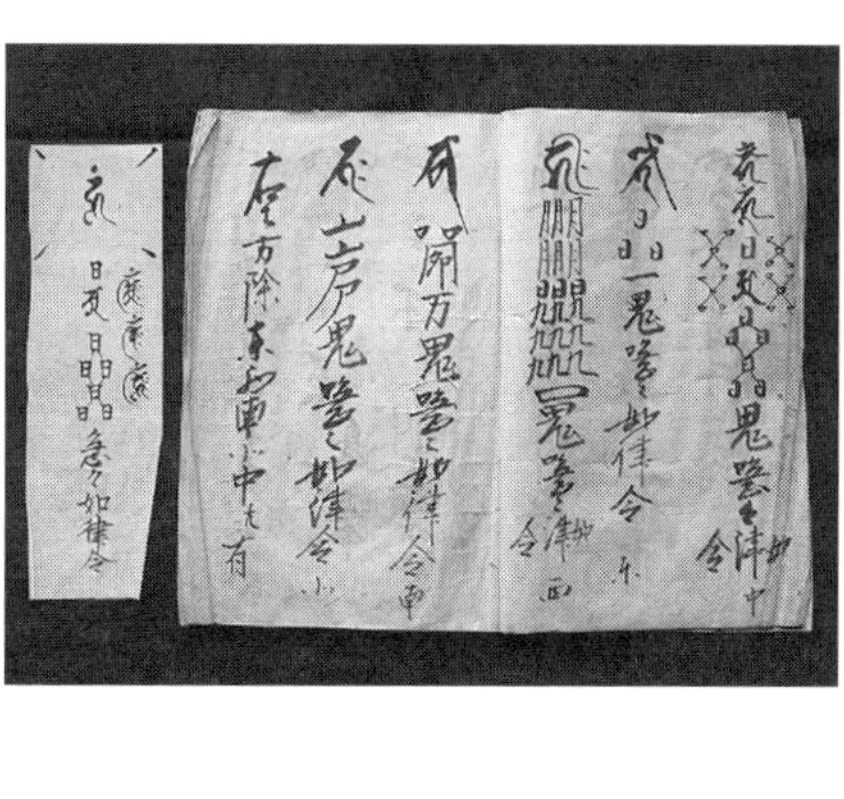

図７　文化四年（一八〇七）の「法用守護入」に書かれた呪符、「急々如律令」の文字が見える

図８　「蘇民将来の子孫」と記す祇園祭りの粽

考えられていたからだという点である。神仏の識字という点でいえば、河童・疫神の詫び証文［大島　二〇〇九など］、「ささら三八宿」［大島　二〇〇八］「久松るす」、あるいは「上酒あり」［笹方　二〇一二］と書いたものを玄関先に貼るといった疫病除けの呪いなども想起される。この背景には、当該社会の識字への意識、すなわち人間が読めるのだから、神仏や疫神も文字が読み書きできて当然だという発想があったのだろう。*1

　そうした目で見ると興味深いのが、近世の随筆類にいくつも見られる文字で書かれ、何らかの効果を期待して軒先などに貼付された和歌（表）である。*2 呪いの和歌（以下、「呪歌」）を声に出して唱えるのではなく、書いて貼っておくという行為は、災厄をもたらす悪鬼などが文字で書かれた和歌を読むことで、何らかの効果が得られるという考えがあったことを示している。神仏に何らかのメッセージを伝えるべく和歌を貼り出そうという発想の背景には、元禄一五年（一七〇二）までには人目につくところに社会批判や政治風刺を詠んだ和歌（狂歌）を掲示し、多くの人が読んでいた文化が都市部で生まれていたこととも無関係ではないだろう［吉原　一九九九：三七―三八］。

　ここで、表に挙げた呪力が期待されて書かれた呪歌を見てみよう。三〇例以上を挙げることができたが、ここでは細部に異動はあったとしても、ほぼ共通する歌が複数回出現していることに気づく。しかも、その効能も必ずしも一様ではないようだ。時を経て繰り返し現れる歌のいくつかを確認していこう。

①ムねハ八ツ門ハ九ツ戸ハ一ツ身ハイサナミノ門ニコソスメ（一五九六～一八二一年）

＊1　呪術と識字に関わって象徴的なのが、安楽庵策伝（あんらくあんさくでん）による『醒睡笑（せいすいしょう）』（一六二三年）所載の笑話である。犬を苦手とする人が、手に虎という字を書いて犬に見せれば嚙まれないという話を聞いて実践するが全く効果がなかった。その話を聞いた僧は「その犬は一円、文盲にあつたものよ」と答えたという［安楽庵策伝　一九八六：八六―八七］。この話は犬に識字能力がなかったので呪術が効果を発揮しなかったとする笑い話である。裏を返せば、文字による呪術が効果を発揮するのは、対象に識字能力があり呪術を行う人の意図を正しく理解できることで成立するという理解があったということになる。

＊2　巻末の表を参照。

＊3　文禄五年・慶長元年（一五九六）に畿内で発生した地震。京都や堺で多くの死者を出し、伏見城の天守などに被害が出ている。開眼を目前にしていた東山の大仏も、このときに倒壊している。

＊4　寛文二年（一六六二）に発生した地震。近江・若狭を中心に近畿北部に大きな被害をもたらした。最大震度は六以上とされ、死者は七〇〇～九〇〇人、倒壊家屋は四〇〇〇～四八〇〇軒といわれる。京都では二条城や伏見城などにも被害があった。

右の歌は、慶長伏見地震の際に[*3]、すでに行われ、寛文地震の際に[*4]も確認できる。一九世紀には、疫病除けとしても使われている。大きな棟、厳重な門といった強固な家屋に守られた神の子孫イメージが詠まれたものである。当初は地震でも倒壊しないような家屋の頑丈さと神の加護を強調したものだったが、後には頑丈な家で疫病の侵入を防ぐというイメージに変わったようだ。

②ユルクトモヨモヤヌケシトカナメ石ノカシマノ神ノアランカキリハ（一五九六〜一八五四年）

この和歌は、鹿島明神の守護がある限り、地震ナマズが動かないように押さえている要石は、たとえ揺らぐことはあっても、抜けて大惨事に至るようなことはないとするものである。「要石」「鹿嶋」などの表現から、地震除けの呪歌として知られている。慶長大地震（一五九六年）の際には見られていたものだが、さらに一八世紀初めの『広益俗説弁』巻二一（一七一五年）に鹿島明神が要石で押さえていることを詠んだ歌として紹介される［白石校訂　一九八九：三〇—三二］。近世に広く流布していた民間の暦占書の『大雑書』巻頭の図にも地震ナマズとともに書き込まれている［小池　二〇〇六：一五二—一五三］（図9）。

文政一三年（一八三〇）の京都地震で流行し[*5]、幕末の安政地震（一八五五年）にあたっても再流行を見せている。

嘉永七年（一八五四）の安政地震の際には、「鯰絵」[*6]と呼ばれる絵画作品にも、この歌が書き込まれており、広く流布した。上方でも嘉永七年（一八五四）の安政南海地震の

*5　京阪地方で刊行の「地震奇談平安万歳楽」に記される。この冊子は早々に絶版とされたが、写本で流布し［日本随筆大成編輯部編　一九七四：三〇—三一］、江戸の曲亭馬琴や松浦静山［松浦　一九八〇：一七一—一七六］も手に入れている。

*6　安政二年（一八五五）の安政の大地震後、数多く描かれた地震ナマズを題材にした錦絵。地震による都市の破壊に終末観や世直しといった民俗信仰や願望を絵画や詞書きから読みとる研究も進められている［宮田・高田　一九九五、アウエハント　二〇一三］。

図9　『大雑書』巻頭の図、日本列島を囲むように地震ナマズが描かれ、左上に②の和歌が記されている。

際に「京都大内家より出」されたものだといわれて流布していた（『近来年代記』〔大阪市史編纂所　一九八〇：七七〕）。この呪歌は、近世初頭から幕末まで長期間にわたって確認でき、その後も地震除けの呪いとして伝承された民俗知識となっているが、『大雑書』などの知識の影響も想定されている〔小池　二〇〇六：一五四―一五五〕。いずれにせよ、この呪歌は暦占書をはじめ、地震を伝える冊子や「鯰絵」などに繰り返し登場しており、流布・伝承にあたって口頭伝承以外の回路があったことは確認しておく必要があろう。

③異国より悪鬼の神のわたりしをはや吹きかへせ（はらへ）伊せの神風（一六三七年）
　傷寒は風のかはりに来たれともまた吹きかへる伊勢の神風（一七七八～一七九六年）

いずれの和歌も、異国からやってきたよくないものを伊勢の神風によって追い返せというものである。前者は、寛永期に流行した怪異である「髪切り」除けの呪歌として流布していたものである。寛永期に近い『春寝覚』（一六三八年頃）や『宝蔵』（一六七一年刊）では、どこからともなく広まった呪歌だとされているが、宝暦二年（一七五二）の談義本『当世下手談義』では、『宝蔵』を参照して、「京都より下された」ものをある所から写してきたということになっている。当初は怪異を「悪鬼」によるものとみなし、伊勢の神風の力で送り返そうというものだったが、後には「悪鬼」の部分を「傷寒は……」と改めて、疫病除けの呪歌へと転化している。

④風ふかば本来空のそらに吹け人にあたりて何のゐきれい（一七一六～一七八八年）

こちらは、一八世紀のはじめころから流布したと思われるもので、本来は空を吹いているはずの風が人にあたって疾病を起こしているので、人にあたることなく「空」に吹けと病をもたらす「風」に命じているものである。この呪歌は、堂上方、すなわち京都の公家によって詠まれたとも（『月堂見聞集』）、霊元院が詠んだものだともいわれていたようである（『拾椎雑話』『閑窓自語』）。

⑤天下の神の御末の人なれは行合ふ星の祟りあらまじ（一八一一年）

これは災いをもたらすような凶星の出現にあたって、神の子孫であるから災いが及ぶことはないというものである。一九世紀初頭の限られた期間にした見られないものである。近江国では京都の禁裏が出した呪歌だといわれていた（「近江国鏡村玉尾家永代帳」）。

⑥いかでかはみもすそ川の流れ汲む人にさわるなゑきれいの神（一八一六年）

みもすそ川とは、御裳濯川のことで伊勢内宮を流れる五十鈴川の別名である。その川の流れを汲むとは、伊勢神宮の加護をうける人という意味であろう。伊勢の神の守られた人に危害を加えるなと疫神に命じている。化政期に断続的に流行を見せていたが、安政五年（一八五八）のコレラ流行時には大和国葛城山神永姫の「神詠」とされて、守り札も作られていたようだ［高橋　二〇二〇：二〇一—二〇三］。

⑦霜柱氷のたる木雪のけたする墨までも〈下の七文字は見へず〉

この呪歌は、柱、木材など建材に水と縁のある言葉を重ね、水の力で火災を防ごうとするものである。宝暦一一年（一七六二）の序がある矢島酉甫《ゆうすけ》による地誌、『本朝国語』に見えている。同書によれば、この歌は能登国にあり、古来より改築していないといわれる酒屋与三兵衛という人物の古民家で発見されたという。棟札に書かれていたとされ、最後の七文字は見えないとある［京都大学文学部国語学国文学研究室編　一九九五：二九六］。が、この呪歌と同様のものは宝暦九年（一七五九）の奥会津に伝わった番匠巻物にも見えるという。それは、

霜ハシラ氷ノハリニ雪ノケタ雨ノタルキニ露ノフキクサ

というものである。やや異同があるが、同様の呪歌は現在でも火難除けとして、上棟式などの場での使用や、棟札への記載が確認できるようだ［宮内　二〇〇九：一三七―三九］。静岡県でも類歌が火伏せの呪歌として神楽歌などに伝えられ［野本　二〇一二：三三―三四］、宮城県気仙沼地方でも火事や火傷の時に唱える歌として伝えられている。気仙沼地方では、歌が六部という宗教者から教えられたものだとされている［川島　二〇一〇：一九五］。このように現行の民俗でも確認できる呪歌である。

『本朝国語』で興味深いのは、能登の古民家にあった棟札の呪歌に、「手跡あまりいみ

じきありさまなれば人々寄合せんぎしけるに、弘法大師の筆にまぎれなかりしとなり」とあることだ〔京都大学文学部国語学国文学研究室編　一九九五：二九六〕。古いものだから誰が書いたのかわからなかったのだが、みんなで話し合っているうちに、達筆だから弘法大師に違いないということになったという。弘法大師伝説はこのようにして拡大していったのかもしれない。

いずれにしても、同じ和歌が長期間にわたって疫病除けや厄除けなどに使われ、しかも時には時代によって期待される御利益が変わっていることが確認できた。なかには、①の要石の呪歌や⑦の「霜柱」の呪歌のように、現在も呪歌として民間に伝承されているものも史料に見えていた。

多くに共通するのは、イザナギ・鹿嶋・伊勢などの神仏に守護を期待しつつ、疫神などに対して「吹き返せ」「そらに吹け」などと災禍の停止や退去を命じるものが多いということである。呪歌の形態としては、目的を直接読み込む「直示型」といえる〔野本　二〇二一：二五―二六〕。

このように呪文として音声として疫神など退去してほしい対象に伝えるのではなく、和歌に呪力を期待して、それを書いておいて読ませることで災禍の停止や疫神の退去を求めるメッセージを発信しているわけだが、書き文字による和歌の呪力を担保しているものは何なのだろうか。

2　呪歌と王権

「蘇民将来の子孫」などは、疫神と蘇民将来との間で交わされた契約に便乗し、第三者が「子孫」を名乗っているので、原理的には特定の個人と神仏との間に特定の場面で結ばれた関係に依存したものといえる。だが、表に挙げた呪歌の多くは、神仏と事前に何らかの契約があることを前提としていない。

あらかじめ書いておくことで、神仏の加護が約束される和歌というのは、いつでも誰であっても普遍的で安定した効果が期待できるものでなければならない。あらためて表を確認すれば、和歌の発信元について、弘法大師のような過去の宗教者とするものもあるが、「霊元院」「御所様」「禁裏ヨリ」「公家様ヨリ」「大内」などと、天皇・上皇といった王権や、その周辺から発せられたことを伝える記事がいくつも見られることに気づく。「京都」というのも、単なる地名ではなく御所のことを含意していると考えてよいだろう。表の例では、三二例のうち七例が御所周辺から出されたとされている。

文字を示すことで神の加護を引き出し、和歌のかたちで疫神に命令を出すことができるのは、神仏や疫神とコミュニケーションをとる特別な力を持った存在が詠んだからということになるだろう。神仏とコミュニケーションをとりうる存在として、天皇や上皇が想起されたであろうことは想像に難くない。

例えば、柳原紀光による随筆『閑窓自語』（一七九三〜九七年頃）には、次のように書かれている。

十　霊元院疫癘御製和哥事

享保八年、病はやりて、人民多くうせぬ。霊元院の御うたあり、

風ふかは本来空のそらにふけ人にあたりてなんの疫癘

此御製を都鄙き、つたへて、かきしるし、まもりとせしに、やめるものははやく治し。やまさるものは大かたにのかれけるとそ。
〔日本随筆大成編輯部編　一九七四：二七五―二七六〕

霊元上皇[*1]が詠んだとされる和歌が都鄙に広がり、それを書き記すことで「まもり」とすると、病にかかってない者は発病をまぬがれ、病にかかっている者もすみやかに治癒したという。実は、『月堂見聞集』巻八によれば、享保八年（一七二三）に先立つ正徳六年（一七一六）に、同じ歌が「堂上方より出」された「疫除之歌」として書き留められているので〔早川編　一九一三a：四二三〕、実際に霊元院が詠んだものではなかったのかもしれない。流布する過程で「堂上」、すなわち京都の公家衆から、当時の朝廷で院政を行っていた霊元上皇の和歌として語られるようになったのだろう。

ここでの問題は、ことの真偽ではなく、霊元院の歌とされたことによって期待される効果である。「霊元院」には、この他にも和歌の呪力に関するエピソードが知られている。医術や宗教的な祈禱でも効果のなかった自身の「はわはやみ」（瘧）にあたって、「まくさかる野辺のわらははやみち遠き我住里にかへりゆくらん」という「御製の一首」で快方に向かったとも伝えられる（『新著聞集』雑事篇第十八〔花田他編　二〇二〇：三四八〕）。野で秣を刈っている童子は、もう遠い我が家に帰っているだろう、というほどの意味の歌だが、「わらわはや、みち遠き」と「わらわやみ」という語を上の句／下の句にまたがらせ、途中で切断していることで病の力を弱らせようというものであろう。疫病除けの和歌を読んだ霊元院は、当然ながら自身の病を追い払う力も持っていたと考え

＊1　霊元院（一六五四～一七三二）。後水尾天皇の皇子で寛文三年（一六六三）に即位。貞享四年（一六八七）に譲位するが、その後も四六年間にわたって院政を敷いた。朝儀復旧をめざし、大嘗祭や立太子の朝儀を再興した。

られていたのである。[*1]

『月堂見聞集』によれば「風ふかば」の歌が、最初は「堂上方」によるものとされていたことからも明らかなように、これらの呪歌が本当に霊元院によって発せられたとは限らない。しかし、そのようなハナシが流布していたことに鑑みると、それが人びとに事実としてありそうだと受けとめられていたことは確かだといえよう。

仮に上皇を引き合いに出すことが、呪歌に信憑性を与える一種の権威付けに過ぎなかったとしても、それが権威付けになる理由については考えておく必要がある。

そうすると『月堂見聞集』巻八にある霊元上皇と和歌に関する次のような挿話が注目される。正徳五年(一七一五)のことだ〔早川編　一九一三a：四一一〕。

○八月十八日朝、余程風吹候処、法王御製一首被遊候故、天気宜敷罷成候、御製別に記之、万民天恩を辱存、万歳を唱ふるこゑ洋々たり、
○八月廿日、仙洞御所御庭上へ、虚空より白羽之矢一本降下る、或は鷲羽の矢とも、則御叡覧被遊候、旧例目出度事之由甚御感被遊、御製和歌一首矢と共に石清水八幡宮へ御奉納、其外御祝儀之御囃も有之候、御製和歌別に記之

非常に風が強く吹いていたある日の朝、時の霊元上皇が和歌を読むと天気がよくなった。人びとは強風を鎮めた上皇に感謝し、「万歳」の声がやまなかったという。旧暦で八月一八日なら、新暦の九月上旬あたりなので、朝から吹き荒れた強風というのは台風だったのかもしれない。台風が通過すれば風がやむのは当然のことだ。しかし、天

＊1　この「まくさかる」の和歌は『霊元院御集』に「まくさかる野べのわらはやみちとほく住山本にかへりゆくらん」という類似の和歌が収載されている〔吉岡他編　二〇〇五：六一四―六一五〕。霊元天皇が元禄一六年(一七〇三)八月に瘧に罹った際に「わらはやみ」という語と回復を祈願して「本復」の字を詠み込んだもの(「本にかへる」が本復)。実際には、歌の力でただちに回復したわけでもないし、それ以前にも霊元天皇は繰り返し瘧に罹っている。にも関わらず、霊元天皇の和歌が、呪力が持つという言説を伴って流布していた点が重要である。

に強風を鎮めてほしいと上皇が願って詠んだ和歌の力で、風がやんだととらえられたようだ。上皇が自らの意思を和歌で天に伝え、天がそれに応じたと人びとが考えたから、天とコミュニケーションをとる力を持つとして上皇をたたえたのだろう。

そうすると、八月二〇日の記事も一連のものとして、理解しなければなるまい。上皇の御所へ空から白羽の矢（あるいは鷲羽の矢）が一本、舞い降りたというのだ。この「白羽の矢」は、柳田國男がいうように神意の表れであろう［柳田　一九六八b：四三六］。この一八日の和歌が上皇から天へのメッセージなら、この矢は天からの応答として理解される。だからこそ、矢の出現を「目出度事」ととらえて大いに祝ったのである。では、天皇や上皇が、悪天候に対し天と和歌を介して対話ができたのはなぜか。

3　天と王権のコミュニケーション

寛政七年（一七九五）の序がある津村正恭の随筆『譚海』巻三には、次のような興味深い記事がある。

○禁中失火有歟《あるか》、又は霹靂宮内へ落る事などあるときは、其日の御番の神社へ勅使をたてられ、其社を御封じ有也。青竹にて神社の戸をとぢ、神主の者縛につく事也。扨日限有て閉門をゆるさるゝとき、又勅使来りて神主の縛をとき、勅使と同前に神前に行向て神社の門ひらくに、内陣の際の空地悉く春草を生じて有。わずかに一七日斗りの間をへし事なれども、草の高き事一二寸に及べる事とぞ。勅使此草を三茎切取て箱におさめ、持参して帰らるゝ也、神国の不測奇特成事なりといへり。

〔原田他編　一九六九：五八―五九〕

神が当番で禁裏を守護しており、失火や落雷などが発生した際には、当番の神の失策として、勅使が派遣されて神社の閉門と神主の捕縛という処罰が行われていることが読み取れる。七日に赦免の勅使が来て、神社の閉門を解くと、僅かな時間にもかかわらず必ず神社内陣の近くには草が生えていて、それを勅使が持ち帰ったのだという。

ここでは、御所の失火や落雷といった事態は、神の過失とされ、王権による処罰の対象とされているのである。神は王権を支える存在であり、災厄や不測の事態は、神仏や天の側による過失ということになろう。そこで、王権は、神や天に対して、和歌などのかたちで呼びかけて、原状回復を促されたということではないか。

『譚海』に書かれたような事実があったかどうかについてはひとまず措くとして、このような「奇特成事」ことが「神国」ではありうると認識されて、書き留められていたことの方が重要である。王権が、「神国」において発生する災厄を神の不作為、過失として咎めることができる存在と考えられていたことから、除災が発生した際には、神に原状回復を促すような行為を王権に期待されていたのであろう。そうすると、以下に述べるように、従来の歴史研究で注目されてきた天明の「御所千度参り」と呼ばれる現象も違って見えてくる。

4　御所千度参り

「御所千度参り」とは、天明の飢饉のただなかにあった天明七年（一七八七）の六月ころから、多くの人びとが御所を訪れて築地塀の周囲を回って祈願をしたという出来事である。多いときには京都をはじめ、大坂、河内、近江などから一日に五万人以上が参加していたという。

藤田覚は、この事件に際して、千度参りの様子を耳にした光格天皇[*1]が、京都所司代を通じて幕府に窮民救済を講じるように申し入れ、幕府がそれに応じて救米を放出したことに着目する。この出来事が、飢饉という非常時にあって、「朝廷が幕府の政治に口出し、介入するという前例となった」という〔藤田　一九九九：一〇六、二〇一八：九四―九六〕。

確かに政治史的な視点からいえば、首肯しうる評価である。とはいえ、民衆は京都町奉行所や幕府を見限って、「御所千度参りという形式で天皇（朝廷）に直訴したということなのである」という指摘はいかがであろうか〔藤田　二〇一八：八八〕。

この出来事は『翁草』（一七九一年）などの随筆にも記されているが、ここでは藤田の研究では使われていない柳原紀光[*2]の随筆『閑窓自語』（一七九三～一七九七年）の記事を確認しておこう。柳原は天明七年当時は権大納言だったから、御所千度参りを目の当たりにしていたはずである。

（上略）前年の六《みな》月ころきない近国の人民禁裏の四方をめぐる事ありき。毎日数千人、八九月のころにいたりて次第に人も減して、をのつからやみぬ。これちかころ五穀のあたひたふとく。せ間くるしむをなけきいのるよし也。いま宮寺の千度百度とて、寺社をめくる事あり。それによりておもひつきけることにや、こゝろえぬ事也。

〔日本随筆大成編輯部編　一九七四：三三二〕

＊1　光格天皇（一七七一～一八四〇）。後桃園院の死に伴い、閑院宮家から養子となり皇位につく。譲位後も院政を二三年にわたって行った。朝儀の再興をめざし、天明八年（一七八八）の大火で焼失した禁裏復興にあたっては平安内裏の考証に基づいた復古様式を取り入れた。父に太上天皇の尊号宣下を願い、幕府に阻止される尊号一件なども起きている。

＊2　柳原紀光（やなぎはらもとみつ）（一七四六～一八〇〇）。江戸時代の公卿。権大納言となったが免官。出仕をやめた後、亀山天皇から後桃園天皇に至る編年体の歴史書『続史愚抄』（一七九八年）を編集した。朝廷・公家に関する出来事について古記録などを博捜し、出典を明記して簡潔に記載する姿勢は実証的で高く評価されている。

この史料の後半に明快に書かれているように、「御所千度参り」に先行して、「千度参り」「御千度」と呼ばれる民俗行事が京都の町や近郊村落で広く行われていた（図10）。正月・五月・九月に町内をあげて、氏神や他の神社へ参詣するものだ〔野地　二〇〇六：九―一五〕。この御千度は、安政六年（一八五九）のコレラ流行時にも各地で盛んに行われ、疫病除けで知られる祇園社の境内は埋め尽くされたというから、とくに非常事態が発生すると、町の年中行事としての御千度から逸脱した規模に拡大して参加者も熱を帯びてきたようだ〔下坂　二〇二一：六二六―六三五〕。

とすれば、天明の御所千度参りも、一般的な氏神や神社に集団参詣する千度参りの延長として理解すべきであろう。節分の際には、一二文支払えば庶民も御所の内侍所へ参詣し、豆をもらうことなどができていたので〔岸　二〇一四：一六四〕、庶民の参詣先として御所が選択されることも決して突飛な発想というわけではない。

また、享保一八年（一七三三）には、前年の冬からの干魃で正月に禁裏から東寺へ請雨祈禱を命じ、七月には風邪の流行で比叡山に「人民命を失ひ候はんやうに」と祈祷を命じていたようだ（『月堂見聞集』巻二八〔早川編　一九一三b：二九一〕）。天候不順や疾病の流行にあたって、朝廷から宗教的な対応がなされたと考えられていたようだから、天明の飢饉にあたっても同様の行為を願って御所へ人びとが来るというのも不自然ではあるまい。

藤田は、御所千度参りの際、賽銭とともに「願書」があったとされることから、天皇への訴願がなされた可能性を指摘している。奉行所について言及するものもあった

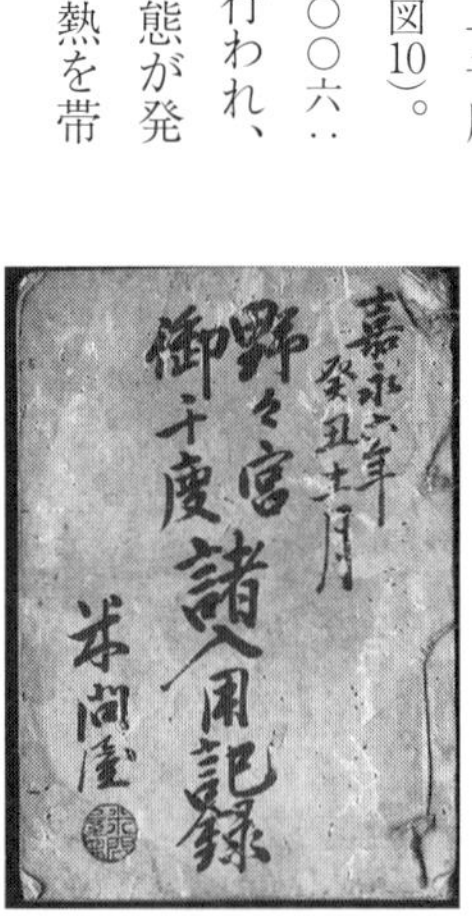

図10　嘉永六年（一八五三）京都の米屋による「御千度」の入用帳

ということから、民衆による宗教的な天皇への直訴だったと見ている［藤田　二〇一八：八八］。だが、御所千度参りを寺社への集団参詣である御千度のバリエーションとして考えるなら、やはり中心となっていたのは政治的な訴願ではなく、高騰する五穀について「なけきいのる」神仏への祈願のようなものと理解するのが自然だろう［日本随筆大成編輯部編　一九七四：三三三］。

安政のコレラの際に人びとが疫病除けで知られた祇園社に殺到したように、天明の飢饉で、人びとが祈願先に選んだのが御所であったということである。飢饉という災厄を前にして、天候不順や凶作という天の誤作動を正常な状態に回復するよう神にはたらきかけることを天皇に祈願したということではないだろうか。[*1]

それに対して、朝廷は神ではなく、幕府へのはたらきかけを行ったことが前例となって、その後の朝幕関係にも影を落とすことになった。ただ、それは時の天皇であった光格の選択であり、幕府を見限って御所を訪れていた民衆の直訴によるものとまではいえまい。

5　民俗的世界の天皇

宮田登は、江戸時代の天皇に関して、「民間信仰のデータは断片的ですがたくさんある」とし、「天皇のフォークロア」として「それを体系立てると、中世にわからなかったものが、何か出てくる」という見通しを提示している［網野・宮田・上野　一九八八：一六〇］。

上述のように、厄よけの和歌が、王権によるものだとして民衆の間で広まっていたことなどは、宮田がいう「天皇のフォークロア」のひとつといえようか。災いをもた

＊1　宮田登は、天皇は神との媒介をするのみで、戦前の天皇の神格化が一般民衆の神観念と隔絶しているというが［宮田　一九七七：七七―七八］、御所千度参りは御所を千度参りの参詣先となる神社と同一視しており、同様の事態がくり返されれば天皇の神格化につながる可能性は否定できない。ただ、『閑窓自語』（一七九二～九七年）では、このできごとは、翌年に御所をも焼失した天明の大火と結びつけられて凶兆と見なされた［日本随筆大成編輯部編　一九七四：三三三］。そのため、御所千度参りが天皇の神格化につながる可能性を胚胎していたとしても、結果的には天明の大火が発生したことで、さらなる展開をとげることはなくなったと思われる。

らす疫神や国土を守護するべき神仏に対して和歌のかたちでメッセージを発し、災厄や天候不順などの誤作動を正常に戻すよう訴えることが王権にできると民衆は考えていた。だからこそ、呪歌は王権が発したものだとされることで、信憑性を持つようになっていったのである。

そこで、天皇や上皇が発したとされる呪歌が広まるにあたって、文字によって書かれて門口などに貼られていたことに注目しよう。網野善彦は、日本の均質性が一般に説かれるのは、文字の世界がもつ均質性の投影であり、一種の幻想にすぎないという［網野・宮田・上野　一九八八：一八八、網野　二〇〇七：三九五］。たとえば、中世においても東北から九州のどこであっても、文字で書かれたものであれば現代の研究者にも読んで理解できる。しかし、文字という表皮の下には多様な民俗世界があると網野は指摘し、文字がもたらす日本の均質性というイメージを批判した［網野・宮田・上野　一九八八：一八八］。

この網野の議論を逆転させれば、文字の世界こそが、多様な民俗世界を結びつけているのであり、その文字文化の中心には、「非農業民、職能民は、天皇を自分流に伝説化した由緒書を作って」いたように［網野・宮田・上野　一九八八：一八八］、天皇があったことになる。文字文化が天とのコミュニケーション手段でもあり、かつ多様な民俗世界をひとつに結びつけるものだとしたら、文字こそが天皇の権威を支えたものだということもできるかもしれない。

そこで興味深いのは、近世浮世草子の『玉櫛笥』（一六九五年）にある「天子一人より外、誓文返しの法なし」という言葉である［木越責任編集　二〇一六：三三―三四］。「天子一人」だけは、神仏と書面で交わした誓約であっても反古にすることができるという意味である。「天子」は、神仏と書面による交渉と契約破棄が可能だと考えられていたのだろう。

このように見てくると、慶応四年（一八六八）三月、時の明治天皇が天地神明に対して、新しい政治のあり方を誓約し、「五箇条の誓文」として、文章化して示したことが江戸時代に終止符を打ったことも、非常に象徴的だといえよう。

終章　文字文化史の地平――むすびにかえて

ここまで、文字に書かれていること、文字が書かれたことについて見てきた。地誌や随筆の他にも、古文書・古記録といった歴史学で重視する一次史料はもちろんのこと、文学作品や絵図・地図、公文書など論じるべき話題は多いが、紙幅の関係で割愛せざるをえなかった。

本書の前半では、調査に先立つ文庫作業として、地誌や随筆を利用する際の基本的な事項について説明した。後半では、随筆を手がかりに、文字と王権への信仰について概観してみた。

実は、王権と文字を介した神とのコミュニケーションについて、論じ残したことがある。それは、王権の力への期待感というものが近世を通して一般化できるのか、それとも特定の人物と結びついたものか、という点である。

本書で幾度か繰り返し取り上げた霊元上皇は、長期にわたる院政を敷いた人物であり、大嘗会や朝儀復興、復古様式の御所再建など、朝廷権威の再興に尽力していた。そして、光格天皇は石清水や賀茂の臨時祭などの復興や、天明の大火で焼失した内裏の再建にあたって復古様式の寛政度内裏を採用したことで知られている。光格の死にあたって、天皇号[*1]が約九〇〇年ぶりに復活したことも当時の人びとを驚かせた［藤田　一九九四：一二九―一三三］。

つまり、この二人が突出した存在であったが故に、とりわけ呪力が期待されていたという可能性もある。[*2]光格以降、その後の幕末の政局の中で存在感を増した孝明天皇を経て、明治天皇に至って近代の天皇制へとどのようにつながっていくかを含めて今後の課題としておきたい。

最後に、渡辺圭一がいう「真の意味での文字文化研究の再構成」に向けて、筆者なりの手がかりを示しておきたい［渡辺　二〇一三：七二］。日常的に文字と接することが、人のものの考え方、そして民俗にどのような影響を与えてきたのだろうか。

民俗学者の宮本常一は、文字を知らない人たちは「共通して時間の観念に乏しかった。とにかく話をしても、一緒に何かをしていても区切のつくという事が少なかった。『今何時だ』などと聞く事は絶対になかった」と書いている［宮本　一九八四：二七〇］。時間観念の乏しさは、物ごとを時系列で理解しようとする歴史意識の希薄さにもつながる。レヴィ＝ストロース（Claude Lévi-Strauss）は、『悲しき熱帯』（原著一九五五年）で文字について触れるなかで、人は文字によって過去を意識し現在と未来を組織することができたと述べている［レヴィ＝ストロース　二〇〇一：二〇二］。

そうした観点からすると、現在の福島県矢祭町の百姓が書いた日記の記述は興味深い。明和七年（一七七〇）一〇月に現れたという「ばけ物」について、日記には次のように記されている。

＊1　天皇号は順徳天皇（在位一二一〇～一二二一）を最後に、光格天皇の号として復活するまで用いられていない。天皇号が中絶している間は、院号が使われ、多くは「地名＋院」と呼ばれた。光格天皇は生前の功績をたたえる「諡号＋天皇」だが、漢風諡号の天皇は九世紀の光孝天皇を最後に絶えていた。天皇号も長く使われず、藤田覚によれば「江戸時代、天皇のことを通常は『主上』『禁裏（裡）』などと称し、天皇という語は馴染みのない呼称だった」という［藤田　一九九四：一三〇］。牛頭天王の厄除けと天皇信仰が混同され、両者が結びついていくとする宮田登の見解［宮田　一九七七：一一―一四］には再検討が必要だろう。

＊2　後桃園天皇が男子の皇位継承者がいないうちに若くして急死したため、光格が傍系の閑院宮家から皇位を継いだ。光格即位以前の半世紀は短命の天皇や女帝が続き、皇位の継承はきわめて不安定な状態であった。そうした状況にあっても、王権の呪力は期待に足るものだったか否か慎重に検討する必要がありそうである。

四つ足むまのつめのことく成ルばけ物出る、猟師共打とめぬとすれは、行方知す、むかし三百六十年以前、如此なるもの出ける、此時大きんなり、此度も世中悪敷事と老人のものがたり

（「萬覚帳」［矢祭町史編さん委員会　一九七九：六六］）

「ばけ物」が出たが、猟師が取り逃がしたということに関して、「老人」は「三百六十年以前」に同じような化物が出たが、その時には大飢饉となっており、今回も世の中が穏やかでないと語っている。いうまでもなく、古老が「三百六十年前」に奇獣を実見しているはずはない。にもかかわらず、漠然とした大昔などといった表現でも、「曽祖父が幼かった頃」などといった私的な時間感覚でもなく、「三百六十年」という具体的な数字が挙げられている。このことから、この古老は過去を時系列で年代記的に把握していたことがうかがえる。そして、過去の奇獣出現と同時期に発生していたという飢饉を因果関係でとらえ、過去と明和七年（一七七〇）時点の状況を重ねて奇獣の出現を凶兆として理解している。先ほど挙げた宮本の記述をふまえれば、古老は客観的な「時間の観念」を明確に意識しており、いかにも文字を知る者らしい思考をしているといえるだろう。

こうした、一八世紀の古老が持っていた時間意識、しかも数百年単位の長期的な時間感覚は、当然ながら地域の歴史意識とも深く関わっているだろう。三六〇年という時間を意識する時、村の歴史は歴史物の芝居や読本、地誌や寺社縁起などを介して通俗的な歴史と接点を持つ。雑多なエピソードの集積であった通俗的歴史観は、次第に時代順

に整理されていくようになる。その歴史的な整理のてがかりとなっていたのが、まずは慶長五年（一六〇〇）に出版され、その後も版を重ねていた『和漢合運指掌図』という天地開闢、神武天皇即位から「大日本国」の歴史を記した年表である［若尾　二〇一〇：二六―二九］。そして、神武天皇以来の歴史をまとめた『日本王代一覧』[*1]（一六五二年）などがあった［横田　二〇〇二：三七二］。こうして時間軸を参照するための物差しとして、「人王〇〇代△△帝の御代に……」のように、固有名詞を伴った〈国家〉や天皇を中心とした〈歴史〉とつながっていくであろう。

特定の社会集団の歴史意識が、〈国家〉の〈歴史〉と結びつき、可視化しようとすれば、羽賀祥二のいうような史蹟の発見や、時間を超えて史蹟の顕彰をし、後世に伝えようという建碑などの動機付けにもなっていく［羽賀　一九九八：一二四―一五六］。文字文化がもたらした時間観念と歴史意識は、人びとは歴史の舞台としての〈国家〉を意識するようになり、〈国家〉の連続性に天皇の存在を結びつけた。その結果、一八世紀末ころから天皇と国家を結びつけた「皇国」「皇朝」という語が広く使われるようになっていく［藤田　二〇一五：三八―三九］。本書で論じた呪歌と天皇の結びつきや、宮田が指摘していた天皇による魔除け、厄除け信仰［網野・宮田・上野　一九八八：一七四］も、天皇に秩序の回復と世界の安定化をもとめるものであり、〈国家〉の連続性、安定性と天皇を結びつける意識の所産といえよう。

そのように考えれば、郷土誌編纂にあたっての心得として、柳田が「年代の数字に大な苦労をせぬこと」「固有名詞の詮議に重きを置かぬこと」といった注意を促したことも妥当だが、「無理な附会をして迄も、我郷の昔の生活が大局と唯半点の交渉があつ

＊1　林鵞峰が大老酒井忠勝の求めで編纂し神武天皇から正親町天皇までの歴史書。当初は写本で流布していたが、寛文三年（一六六三）に出版され、翌年には寛文読み下し版も刊行された。一八三四年にはオランダ商館長によるフランス語訳もパリで出版された。

たことを誇らうとする人を、不甲斐ないことだと気の毒に思ひます」［柳田　一九七〇b：一二―一三］と一部の郷土誌編纂者を批判したのは、いささか酷なことだったかもしれない。むしろ、そうした「附会」を求めた地域社会の心性や歴史的背景を解明するべきだったのではないだろうか。

宮本常一は、「われわれはつい文字をもたなかった社会をも文字の世界の感覚で律しがちになるが、文字を持つ社会と否とによって社会構造や伝承の方法に差が見られてくる」と述べ［宮本　一九八七：二七九］、文字に縁の薄い社会を現代と無意識に同一視することに注意をうながした。現代は、文字文化によってつくられた意識や感覚のなかにいる。では、文字以前と現代は、具体的にどう変わっているのだろうか。

メディア研究者のマーシャル・マクルーハン[*2]（Marshall McLuhan）は、メディアは身体の拡張であり、メディアによって拡張されなかった他の身体は衰退するといい、活字の登場は人を聴覚中心から視覚へと変えたと論じる［マクルーハン　一九八六］。マクルーハンにも影響を与えたといわれる古典学者のオング（Walter J. Ong）も『声の文化と文字の文化』（原著一九八二年）のなかで、聴覚優位の社会は印刷の出現によって視覚優位に変化したと主張している［オング　一九九一：二四九］。

こうした指摘をふまえるならば、日本においても朝鮮半島から木活字が持ち込まれ、活字から整版へと出版文化が急成長した近世と、それ以前では大きく人の意識も変わってきているのだろう。例えば、中世の噂を論じた酒井紀美が中世社会の「音声の世界」の大きさを指摘し［酒井　一九九七：二一八―二一九］、芸能史研究者の服部幸雄が江戸文化を〈視〉と〈知〉が強く結びついた〈もの〉を〈見る文化〉、または〈視の文化〉と述

＊2　マーシャル・マクルーハン（一九一一〜一九八〇）。カナダの英文学者で文明批評家。メディアと人の関係やその影響について論じたメディア論で知られる。一九六〇年代にテレビをメディアとして評価し、積極的に論じたことで注目を集めた。インターネット時代にあって、その議論を再評価する動きもある。

べているのも、その点で非常に興味深い［服部　一九八九：二八五］。

出版文化が成長したから、人が文字を読めるようになったというわけではない。むしろ、出版文化の発展をもたらした文字の読み書き能力の必要性が、中世後期から高まっていたからこそ識字率が上がったといえよう。中世の惣村では、生産力の高まりとともに、他村との争論や村落の行事など、村の自立と維持には多額の経費が必要になった。そのため村の収支管理のために会計帳簿が作成されるようになり、「村の指導者層に、いわゆる『読み・書き・そろばん』の能力」が必要になった［勝俣　一九九六：一〇九］。当初は、識字能力のある僧侶などを村が雇用していたところもあったが、次第に村落指導者たちが自ら文字を駆使するようになっていった。一五世紀ころから惣村では、村掟が明文化され、慣習法から成文法へとかわり、集団の起源や特権の淵源を説明する伝承も由緒書きとして文字化が進んだ。職人集団などの特権を担保するものが、非文字の故実・古法では、守護など地域権力の法廷にもちこまれた際に不利になった。文字による証拠を不可欠とする中世的文書主義の浸透により、職人たちは自らの特権を主張するために、理想の物語を文字化した由来書や時に偽文書を作成することになったのである［久野　二〇〇八：七四―七七］。

こうして中世後期に広がっていった識字・計数能力を前提として、近世には年貢や諸役の納入など、行政に関わる事務作業の多くを村が請け負う「村請制」となった。近世には、権力からの年貢の賦課や各種の通知など、すべて文書が使用された。そして、かつては公家や僧侶、武家などの支配層に限られていた日記の執筆者層が拡大し、元禄・享保期には、村役人や町人による日記が数多くあらわれるという［水本　二〇〇二：

七九］。一七世紀末から一八世紀にかけて、次第に文字が身近なものになっていたことを示していよう。本来、音声の世界に生きていたはずの盲僧たちでさえ、京都に設けられた職屋敷《しょくやしき》*1では、文書作成や金銭の管理のために文字の読み書きができる役人が働いていた［梅田　二〇〇八：一〇九―一一四］。宮田登がいうように「日本には無文字社会は厳密には存在しなかった、民俗聞書の可能な近世には、どの村にも少数の有文字の人々がいて、つねに文字を普及していた」のである［網野・宮田・上野　一九八八：一八九］。

中世から近世にかけて、文字への依存度はいっそう大きくなり、文字に親しむ層が増えたことが、近世の出版文化の隆盛につながった。元和二～三年（一六一六～一六一七）頃の景観を描いた舟木本『洛中洛外図』以降は「銭屋」「薬種」などと書いた看板や暖簾が見え、芝居小屋にも歌舞伎興行を知らせる掲示が描かれていた［横田　二〇〇二：二八〇］。

文字と接する機会が増え、文字の存在を前提とした時代では人の感覚も変わる。日本においても、マクルーハンが指摘していたように活字をはじめとした出版文化の登場によって、徐々に中世の〈音の世界〉から近世の〈見る文化〉へと移り変わっていったのである。

このような聴覚から視覚への変化はさまざまな局面で見られた。例えば娯楽の世界でも、語り物であった説経は人形浄瑠璃という視覚的芸能へとなっていった。また中世には盛んに発生していた神社や聖地が音や振動を発して神意を伝える「鳴動」が近世には後退していき、神仏でさえ音によるメッセージを控えるようになった［笹本　二〇〇〇：二二一］。

服部幸雄は、近世に隆盛した〈見る文化〉の例として、歌舞伎、人形浄瑠璃、大道

＊1　近世の盲人による自治組である当道座（とうどうざ）の事務所。京都に設けられ、盲人の官位などの管理を担った。後に江戸にも出張所が設けられたが、これは惣録屋敷（そうろくやしき）と呼ばれた。

芸、見世物、浮世絵、絵本、双六、引札、絵看板などを掲げている［服部　一九八九：二八五］。マクルーハンが述べたように、活字による出版メディアが人びとの意識を聴覚から視覚へと変えたのだとすれば、〈見る文化〉は、書物や文字を読めない人びとにとっての代替物などではなく、文字が生んだ正嫡である。性急な一般化には慎重でなければならないが、少なからぬ重要な場面で、近世において音は主役の座を退き、次第に目で見ることが中心になっている。このような変化が広く行き渡ったのは一八世紀ころだと思われる。

では、文字がもたらす視覚文化はどのような民俗社会をつくったのであろうか。視覚とは、「距離をおく見方、関与しないでいる態度、客観性を与えてくれる感覚」［マクルーハン　二〇〇三：一二五］だというが、これは宮本常一が文字を解する人は「いつも広い世間と自分の村を対比して物を見ようとしている」と評したこと［宮本　一九八四：二七二］とも合致する。

文字と接し、視覚優位となった人びとは、対象と距離を取って客観視するようになる。こうした意識の変化は、当然ながら従来とは異なった物の見方や世界観につながっていったと思われる。一八世紀半ばから一九世紀にかけて、〈見る文化〉が広く行き渡ったことがもたらしたと思われる変容について、いくらか例示してみよう。

思い当たるのは、香川雅信が指摘する近世に起こった「妖怪のキャラクター化」という現象である。民間伝承のなかでの妖怪は、不可思議な現象を説明するための概念であり、明確な姿形をもたなかった。しかし、一八世紀後半の都市において、禁忌や俗信といった「言葉」と不可分だったはずの妖怪が文脈から切り離され、「純粋に視覚性のみの存在」

となり、名前や規格的形象で表現されるキャラクターとなったという［香川　二〇一三：三〇―三三］。伊藤龍平も妖怪は五感全体で感知されていたものだったが、文字文化のなかで各種テクストの構成要素を統合した視覚イメージが形成されるようになり、「見える」ようになったと指摘する[*1]［伊藤　二〇一八：四六］。妖怪を感知する仕方も変わっていったのである。

興味深いのは、神社姫やアマビエなどの予言獣である。予言獣は、一九世紀に流行するもので、災厄を予言するとともに自身の姿を見せることで災害から免れられると告げたとされており、その姿を描いた瓦版などが摺られていた。

宝暦九年（一七五九）、安永七年（一七七八）、文化一一年（一八一四）に、一年の途中で正月を祝う流行正月が行われた際の噂では、異人などによって予言された疫病などを回避するための手段として、正月を祝うという行為が教えられたという。ところが、一九世紀には、疫病などの災厄を逃れるための手段として、予言とともに語られたのが、流行正月などの行為ではなく、その姿を絵に描いておくとよいという図像による除災が見えるようになった。

この点については、情報を瓦版という商品として販売するための戦略として、模倣が難しい絵にすることで瓦版購入の拡大に結びつけようとしたという指摘もある［笹方　二〇一九：二七七］。そのような金儲けを意図していたことも十分に考えられるが、絵の呪術をうたった瓦版が商品となり得るには、前提として呪文や呪歌などではなく、図像を見せる行為が魔除けになるということが広く受け容れられていなければならない。やはり、〈見る文化〉があってのことであろう。

＊1　筆者は〈見る文化〉の広がりから、都市域を中心に一七世紀から次第に視覚化文化が広がりはじめていると考えているが、伊藤龍平は近世の識字率から、近世が印刷文化によって視覚優位の社会になっていたという理解には慎重である［伊藤　二〇一八：八七］。視角文化のひろがりと影響についての具体的な検討は今後の課題としたい。

妖怪や予言獣が草双紙や瓦版という、出版メディアによって成り立っていたことも想起したい［佐藤　二〇一八：一九七―一九八］。こうしてみると、近世以降の民俗的心性もまた、文字文化や出版メディアの直接、間接的な影響から自由ではなかったのである。

もうひとつ例を挙げよう。本書の冒頭に、障子に文字を書いて意思表示をする妖怪について紹介した。こちらは妖怪ではなく、稲荷の眷属の話である。宮負定雄による『奇談雑史』（一八五六年）巻九には、幸助という駿河の農夫に豊川稲荷の眷属である白狐が憑依した。白狐は祠の建立を求めたため、我に返った幸助は屋敷内に祠を建てて白狐を祀ったとある。その後も時折、白狐は幸助に憑依していたが、その際には絵を描き、「文字を書くこと運筆自在」だったという。狐の霊が離れると幸助は書画がまったくできなかった。

このように近世末期には、神が口頭で音声によって託宣をするだけではなく、書画という目に見えるかたちでも何かを伝えようとするようになっていたのである。質、量ともにスケールは大きく異なるだろうが、神仏の書によるメッセージの代表ともいうべきものが、天理教[*1]の中山みきや大本[*2]の出口なおという開祖が神の言葉を書き記した「お筆先」であろう。ついに神は人に憑依して、自動書記によって厖大なメッセージを文字によって伝えられるようになったのである。

神の言葉を声で聞く聴覚の世界から、文字で書かれたものに対して神聖さを感じる視覚優位になっていなければ、神の言葉を伝えるメディアの転換も起きていなかったのではないだろうか。英語におけるメディアという語が霊媒の意でも使われる語であったことからいえば、神仏のメッセージが文字化されていくこともまた〝メディア〟の

＊1　教派神道のひとつで天保九年（一八三八）開教。奈良県の女性、中山みき（一七九八～一八八七）を教祖とする。天理教では、人びとが仲良く助け合いながら暮らす「陽気ぐらし」の世界を神が望んで神が人類を創造したとされ、中山は社会を「陽気ぐらし」の世の中に立て直そうとした。

＊2　新宗教で出口なおと出口王仁三郎を教祖とする。一八九二年に京都府綾部で出口なおが神がかりになったことから始まる。出口王仁三郎は予言や鎮魂帰神などで全国的に教線を拡大し、知識人や軍人などの入信も相次いだ。一九二一年、そして一九三五年に不敬罪や治安維持法違反などの容疑で弾圧をうけた。

有り様と深い関係があるといえよう[*3]［浜野　二〇二一］。

なお、本書では近代以降については論じることができなかったが、視覚と天皇という点からいえば、明治天皇の御真影が作られていく権力の視覚化の問題や［多木　二〇〇二］、盛んに行幸をすることで国民の目に触れるようになり、日本が「可視化された帝国」となっていくこと［フジタニ　一九九四、原　二〇〇二］、そして行幸先が明治天皇聖蹟[*4]として指定されていったという一連の事実が、地域社会における天皇観や国民国家の形成にどのような影響を与えたかは重要な課題であろう。近代の歴代天皇や教育勅語、軍人勅諭などの文字情報を繰り返し音読し、暗誦する経験が強く国家を意識させる機能を果たしたのではないかという塚本学の問題提起も重要である［塚本　一九九三：一〇］。

そして、文字が普及し、視覚優位となる以前にあったとされる聴覚優位の世界は、どのようなものであったかも大きな問題である。現代人は視覚優位となった近世以降の時代を生きているわけだから、それ以前の社会を理解するには意識的に聴覚優位の世界を認識する努力をする必要がある。

アエノコト[*5]をめぐって柳田國男の写真に対する姿勢を詳細に分析した菊地暁は、「固有信仰論を中核とした民俗学の言説は、そもそもヴィジュアルを捨象した文学的な平面に構築され、共有され、受容されたのではないか」と述べている［菊地　二〇〇一：一九二］。柳田が固有信仰に近づくためにヴィジュアルを排したのは、意識的に視覚に依存することを制限することで、聴覚優位の文化をすくい上げようという意図があったのかもしれない。

宮本常一の時代であれば、文字を知らない伝承者も少なくなかったから、非文字の

*3　近代には、死者などを可視化したとされる心霊写真や、思念を印画紙に焼き付ける念写のように、視覚メディアに依拠した新しい宗教的現象もあらわれていく［浜野　二〇二一：二〇六—二〇七］。

*4　明治天皇の行幸先などが、一九一九年の史蹟名勝天然紀念物保存法に基づいて国の史蹟に指定された。石碑などが建てられたが、一九四八年に指定は一斉に解除となっている。

*5　奥能登に伝わる民俗行事。一二月に収穫を終えた田から各家の主人が「田の神様」を迎え、饗応したえで冬を一緒にすごし、翌春に田に送りかえされる。

世界を垣間見ることも時には可能だったであろう。しかし、二一世紀の現在において、宮本の時代のような伝承者を簡単に見つけることはできない。とすれば、文字以前を想像するためには、ひとつの方法としては、文字に書きとめられた世界を丹念に解き明かすことから始めて、文字以前の聴覚の世界を垣間見るという迂遠な方法を意識的に行うことが考えられる。もうひとつの可能性は、口頭伝承のなかから、注意深く文字以前の音声の世界を聞き取っていくことであろうか。

民俗学と文献史学が協力することで、どのような世界が見えてくるか。いや、音声の世界が聞こえてくるだろうか。

引用史料（原史料はゴシック体で示した）

蘆田伊人編集校訂　一九七一a『大日本地誌大系　山州名跡志』第一巻（**『山州名跡志』**巻一〜一四）、雄山閣

蘆田伊人編集校訂　一九七一b『大日本地誌大系　山州名跡志』第二巻（**『山州名跡志』**巻一五〜二二）、雄山閣

蘆田伊人編集校訂　一九六七『大日本地誌大系　五畿内志・泉州志』第一巻（**『五畿内志』**）、雄山閣

市古夏生・鈴木健一校訂　一九九九a『新訂都名所図会』第四（**『拾遺都名所図会』**巻一・二）、筑摩書房

市古夏生・鈴木健一校訂　一九九九b『新訂都名所図会』第五（**『拾遺都名所図会』**巻三〜五巻）、筑摩書房

大阪市史編纂所　一九八〇『大阪市史史料第二輯　近来年代記下』（**『近来年代記』**）大阪市史料調査会

木越治責任編集　二〇一六『江戸怪談文芸名作選　第一巻　新編浮世草子怪談集』（**『玉櫛笥』**）国書刊行会

京都大学文学部国語学国文学研究室編　一九九五『京都大学蔵大惣本稀書集成』第八巻（**『本朝国語』**巻一）、臨川書店

佐藤正英・武田由紀子編　二〇一一『奇談雑史』（宮負定雄**『奇談雑史』**）、筑摩書房

白石良夫校訂　一九八九『広益俗説弁』（伊沢蟠竜**『広益俗説弁』**）、平凡社東洋文庫、三〇—三一頁

新修京都叢書刊行会編　一九七一『新修京都叢書』第一四巻（**『山城名勝志』**巻一一〜二一）、臨川書店

新修京都叢書刊行会編　一九六八『新修京都叢書』第一三巻（**『山城名勝志』**巻一〜一〇）、臨川書店

鈴木棠三校注　一九八六『醒睡笑上』（安楽庵策伝**『醒睡笑』**巻一）、岩波書店

東京大学史料編纂所編　一九九七〜二〇一六『大日本古記録　斎藤月岑日記』（『斎藤月岑日記』全一〇巻）、岩波書店
中村幸彦・中野三敏校訂　一九八〇『甲子夜話続編』第四巻（『甲子夜話続編』巻四九）、平凡社
日本随筆大成編輯部編　一九七三『日本随筆大成』第二期第一巻（『兎園小説』）、吉川弘文館
日本随筆大成編輯部編　一九七四a『日本随筆大成』第二期第五巻（『兎園小説拾遺』）、吉川弘文館
日本随筆大成編輯部編　一九七四b『日本随筆大成』第二期第八巻（『閑窓自語』）、吉川弘文館
花田富二夫他編　二〇二〇『假名草子集成』第四六巻（『新著聞集』）、東京堂出版
早川順三郎編　一九一三a『近世風俗見聞集』第一巻（『月堂見聞集』巻一〜一〇）、国書刊行会
早川順三郎編　一九一三b『近世風俗見聞集』第二巻（『月堂見聞集』巻一一〜二九）、国書刊行会
早川順三郎編　一九一三c『近世風俗見聞集』第三巻（『豊芥子日記』）、国書刊行会
早川順三郎編　一九一六『鼠璞十種』第一巻（『反古のうらがき』）、国書刊行会
原田伴彦他編　一九六九『日本庶民生活史料集成』第八巻（『譚海』巻三）、三一書房
三宅米吉　一九二九『以文会筆記抄』（『以文会筆記』）雄山閣
矢祭町史編さん委員会　一九七九『源蔵・郡蔵日記』（『萬覚帳』）矢祭町
吉岡真之ほか編　二〇〇五『霊元天皇実録』全三巻（『霊元院御集』）、ゆまに書房
藍亭青藍増補・堀切実校注　二〇〇〇『増補俳諧歳時記栞草』下巻（曲亭馬琴他編『増補俳諧歳時記栞草』秋・冬・雑之部）、岩波書店
影印版　一九九三『耽奇漫録』（曲亭馬琴他編）上・下巻、吉川弘文館

参考文献

アウエハント、コーネリアス　二〇一三『鯰絵』小松和彦他訳、岩波文庫
赤田光男　一九八八『家の伝承と先祖観』人文書院
――　一九九五『日本村落信仰論』雄山閣
――　二〇二〇『中世都市の歳時記と宗教民俗』法藏館
網野善彦　二〇〇七［一九八八］「日本の文字社会の特質」『網野善彦著作集』第一五巻、岩波書店、三九一―四二九頁
――　二〇〇八［二〇〇〇］『「日本」とは何か』『網野善彦著作集』第一七巻、岩波書店、五一―三三六頁
網野善彦・宮田登・上野千鶴子　一九八八『日本王権論』春秋社
安良城盛昭　一九五九『幕藩体制社会の成立と構造』御茶の水書房

伊藤龍平　二〇一八　『何かが後をついてくる』青弓社
稲村徹元　一九七四　「随筆索引と帝国図書館」『日本随筆大成』第二期第五巻付録（月報）二―三頁
井上章一　二〇一三　『伊勢神宮と日本美』講談社学術文庫
井上智勝　二〇〇〇　「並河誠所の式内社顕彰と地域」『大阪市立博物館紀要』三二号、一―二四頁
――　二〇一二　「近世日本の国家祭祀」『歴史評論』七四三号、四―一八頁
梅田千尋　二〇〇八　「近世京都惣検校職屋敷の構造」『世界人権問題研究センター研究紀要』一三号、九九―一一六頁
大島建彦　二〇〇八　「『ささら三八』考」『疫神と福神』三弥井書店、一九四―二〇四頁
――　二〇〇九　「疫神と呪符」笹原亮二編『口頭伝承と文字文化』思文閣出版、七一―一〇三頁
オング、ウォルター・J　一九九一　『声の文化と文字の文化』桜井直文他訳、藤原書店
香川雅信　二〇一三　『江戸の妖怪革命』角川ソフィア文庫
勝俣鎮夫　一九九六　「戦国時代の村落」『戦国時代論』岩波書店、九三―一二八頁
川島秀一　二〇二〇　『本読みの民俗誌』勉誠出版
菊地　暁　二〇〇一　『柳田国男と民俗学の近代』吉川弘文館
岸　泰子　二〇一四　『近世の禁裏と都市空間』思文閣出版
小池淳一　一九九六　「民俗書誌論」須藤健一編『フィールドワークを歩く』嵯峨野書院
――　二〇〇四　「偽文書と民俗」久野俊彦・時枝務編『偽文書学入門』柏書房、一一四―一三六頁
――　二〇〇六　「修験道と和歌」『和歌をひらく第四巻　和歌とウタの出会い』岩波書店、一四三―一六〇頁
惟喬親王事跡顕彰会　一九六七　『惟喬親王と洛北の史跡』
酒井紀美　一九九七　『中世のうわさ』吉川弘文館
笹方政紀　二〇一二　「近世疫病神と妖怪」『御影史学論集』三七号、六七―八六頁
――　二〇一九　「護符信仰と人魚の効能」東アジア恠異学会編『怪異学の地平』臨川書店
笹原亮二編　二〇〇九　『口頭伝承と文字文化』思文閣出版
笹本正治　一九九八　「民俗と文字」赤田光男ほか編『講座日本の民俗学』第一巻、雄山閣、七一―八三頁
――　二〇〇〇　『鳴動する中世』朝日選書
佐藤卓己　二〇一八　『現代メディア史　新版』岩波書店
島村恭則　二〇二〇　『みんなの民俗学』平凡社新書
清水克行　二〇二一　「習俗論としての社会史」『室町社会史論』岩波書店、一五五―一八八頁

下坂　守　二〇二一『中近世祇園社の研究』法藏館
白井哲哉　二〇〇四『日本近世地誌編纂史研究』思文閣出版
新谷尚紀　二〇〇五『柳田民俗学の継承と発展』吉川弘文館
高埜利彦　二〇一四『近世の朝廷と宗教』吉川弘文館
高橋　敏　二〇二〇『江戸のコレラ騒動』角川書店
多木浩二　二〇〇二『天皇の肖像』岩波現代文庫
武井基晃　二〇二〇「文献・図像とフィールドワーク」小川直之他編『講座日本民俗学』第一巻、朝倉書店、六九―八一頁
塚本　学　一九九三「音読と黙読」『月刊百科』三六四号、四―一〇頁
中島河太郎　一九八九「中山太郎伝」『校注諸国風俗問状答』パルトス社
野地秀俊　二〇〇六「京都『御千度』考」『京都市政史編さん通信』二六号、九―一五頁
野本寛一　二〇二一『言霊の民俗誌』講談社
羽賀祥二　一九九八『史蹟論』名古屋大学出版会
服部幸雄　一九八九『さかさまの幽霊』平凡社
馬部隆弘　二〇二〇『椿井文書』中公新書
浜野志保　二〇二一「憑依メディア」門林岳史・増田展大編『メディア論』株式会社フィルムアート社、二〇四―二一〇頁
原　武史　二〇〇一『可視化された帝国』みすず書房
久野俊彦　二〇〇八「由来の物語から偽文書、職人巻物へ」『歴史と民俗』二四号
――　二〇一三「修験道聖教典籍にみる書物の表象と機能」『日本民俗学』二七五号
久野俊彦・時枝務編　二〇〇四『偽文書学入門』柏書房
平山敏治郎　一九七〇「『近世諸家日記』の刊行計画」『定本柳田國男集』月報二二号、筑摩書房、二―四頁
――　一九八四「取越正月の研究」『歳時習俗考』法政大学出版会
――　一九八八「解説」『大和国無足人日記』上巻、清文堂出版
福家崇洋　二〇二一「養徳社の風景（二）」『EURO-NARASIA』一七、四六―五五頁
福田アジオ　一九九四「近世の村と民俗」大津透他編『岩波講座日本通史』第一三巻、岩波書店、六五―九七頁
藤川玲満　二〇一四『秋里籬島と近世中後期の上方出版界』勉誠出版
藤田　覚　一九九四『幕末の天皇』講談社選書メチエ
――　一九九九『近世政治史と天皇』吉川弘文館

――――　二〇一五　『シリーズ日本近世史五　幕末から維新へ』岩波書店
――――　二〇一八　『光格天皇』ミネルヴァ書房
フジタニ、タカシ　一九九四　『天皇のページェント』NHK出版
堀　一郎　一九六九　「『新国学談』のころ」『定本柳田國男集月報』一一号、筑摩書房、五―七頁
マクルーハン、マーシャル　一九八六　『グーテンベルグの銀河系』森常治訳、みすず書房
――――　二〇〇三　「テレビとは何か」M・マクルーハン他編、『マクルーハン理論』大前正臣・後藤和彦訳、平凡社ライブラリー、一一〇―一四八頁
水江漣子　一九七七　「江戸町方の展開と名所案内記」『江戸市中形成史の研究』弘文堂、三〇九―三九八頁
水本邦彦　二〇〇二　「近世の農村生活――庄屋の活動と交友関係から」『絵図と景観の近世』柏書房、七八―一〇八頁
宮内貴久　二〇〇六　『家相の民俗学』吉川弘文館
――――　二〇〇九　「奥会津の番匠巻物」笹原亮二編『口頭伝承と文字文化』思文閣出版
宮田　登　一九七七　『民俗宗教論の課題』未来社
――――　二〇〇六　「民俗史料としての随筆」『宮田登日本を語る　1民俗学への道』吉川弘文館、五一―五四頁
宮田登編　一九九二　「日本歴史閑談」『柳田國男対談集』ちくま学芸文庫
宮田登・高田衛編　一九九五　『鯰絵』里文出版
宮本常一　一九八四　『忘れられた日本人』岩波文庫
――――　一九八七　『庶民の発見』講談社学術文庫
村上紀夫　二〇二〇　『江戸時代の明智光秀』創元社
――――　二〇二二　「『流行正月』再考」『奈良大学大学院研究年報』第二七号、二〇一―二二〇頁
八木　透　二〇〇〇　「民俗学の歴史と研究方法」『フィールドから学ぶ民俗学』昭和堂
――――　二〇一三　「民俗学の生い立ちと現在」八木透編『新・民俗学を学ぶ』昭和堂
安丸良夫　二〇一三a　「民衆史の課題について」『安丸良夫集』第五巻（戦後知と歴史学）、岩波書店、二六九―二八五頁
――――　二〇一三b　「民俗の変容と葛藤」『安丸良夫集』第四巻（近代化日本の深層）、岩波書店、二―六三頁
柳田國男　一九六八a　［一九四二］『菅江真澄』『定本柳田國男集』第三巻、筑摩書房、三四三―四九三頁
――――　一九六八b　［一九四二］『木思石語』『定本柳田國男集』第五巻、筑摩書房、三四一―四八九頁
――――　一九六八c　［一九三四］『一目小僧その他』『定本柳田國男集』第五巻、筑摩書房、一一一―三四〇頁
――――　一九六八d　［一九一五］「山荘太夫考」『定本柳田國男集』第七巻、筑摩書房、一〇八―一二三頁

―― 一九六九a［一九二六］「うつぼ舟の話」『定本柳田國男集』第九巻、筑摩書房、一六九―一八七頁
―― 一九六九b［一九四六］『祭日考』『定本柳田國男集』第一一巻、筑摩書房、一八一―二八八頁
―― 一九七〇a「さ、やかなる昔」『定本柳田國男集』第二三巻、筑摩書房、三八三―五〇九頁
―― 一九七〇b［一九二三］『郷土誌論』『定本柳田國男集』第二五巻、筑摩書房、一―八一頁
―― 一九七〇c［一九三五］『郷土生活の研究法』『定本柳田國男集』第二五巻、筑摩書房、二六一―三二八頁
―― 一九七〇d［一九一四］『山島民譚集』『定本柳田國男集』第二七巻、筑摩書房、四一―一七九頁
―― 一九七〇e［一九一六］「甲賀三郎」『定本柳田國男集』第三〇巻、筑摩書房、一二一―一二五頁
―― 一九七〇f「『郷土研究』小篇」『定本柳田國男集』第三〇巻、筑摩書房、三〇七―四〇六頁
―― 一九七〇g［一九一四］「言継卿記」『定本柳田國男集』第三〇巻、筑摩書房、三四二頁
―― 一九七一a［一九五八］『故郷七十年』『定本柳田國男集』別巻第三巻、筑摩書房、一―四二一頁
―― 一九七一b［一九五八］『炭焼日記』『定本柳田國男集』別巻第四巻、筑摩書房、一―一八四頁
―― 一九七一c「書簡」（『定本柳田國男集』別巻第四巻、筑摩書房、三九九―六八三頁
―― 一九八六『民間伝承論』第三書館
山添村教育委員会・奈良大学文学部史学科編 二〇二一a「解説」『山添村山辺郡大字広瀬古文書調査報告書 広瀬区有文書目録・解題』
山添村教育委員会
―― 二〇二一b『山辺郡山添村大字広瀬大般若経調査報告書』山添村教育委員会
横田冬彦 二〇〇二『日本の歴史一六 天下泰平』講談社
吉原健一郎 一九九九『落書というメディア』教育出版
吉見俊哉 二〇一二『改訂版メディア文化論』有斐閣
レヴィ＝ストロース、クロード 二〇〇一『悲しき熱帯Ⅱ』川田順造訳、中央公論新社
若尾政希 二〇一〇「近世における『日本』意識の形成」若尾政希・菊池勇夫編『〈江戸〉の人と身分5 覚醒する地域意識』吉川弘文館、
一四―四五頁
渡辺圭一 二〇一三「周縁の史料学の可能性」『日本民俗学』第二七五号、五八―七二頁

近世の書かれた呪歌

＊表では随筆類に見える呪術的効果を期待して書かれた和歌を年代順に配列した。書かれたことが確認できない（声に出して唱えられた可能姓のあるもの）は除外した。①などの丸数字は筆者によるもので、類似する呪歌を同じ番号で表示した。本文の丸数字の番号は表と対応している。

年代	西暦	効果	和歌	用法	備考	典拠
文禄五年閏七月一三日より	一五九六	地震	①ムねハ八ツ門ハ九ツ戸ハ一ツ 身ハイサナミノ門ニコソスメ チハヤフル神ノイカキモ 三日月ノユリヤナヲサシ我身成ケリ ②ユルクトモヨモヤヌケシトカナメ石ノ カシマノ神ノアランカキリハ	門に貼り、松竹の葉を差す		『言経卿記』慶長元年閏七月一五日条
寛永一四・五年	一六三七	髪切り除け	③異国より悪鬼の神のわたりしを はや吹きかへせ（はらへ）伊せの神風	家ごとに貼る貼る		『春寝覚』、『宝蔵』巻四
寛文二・三年	一六六二	地震	①棟は八門（やつかど）ハ九戸（ここのつと） ハひとつ身ハいざなぎの内にこそすめ	札にかき、家々の門バしらに、をしけれども、地しんハやまず		浅井了意『かなめいし』
正徳六年	一七一六	疫病	④風ふかば本来空のそらに吹け 人にあたりて何のゑきれい	門口に貼り付け	堂上より	『月堂見聞集』巻八
享保八年	一七二三	病	④風ふかは本来空のそらに吹け 人にあたりてなんの疫癘	書き記し守りとする	「霊元院疫癘御製和哥」	寛政五～九年筆『閑窓自語』
「此（享保十八九年）十ヶ年前」＝享保八年か	一七二三	時疫	④風ならば本来空のそらにふけ 人にあたりてなにのえきれい	門戸に貼る	「仙洞様より出たる歌」	『拾椎雑話』巻二五
享保一八年七月	一七三三	風邪	西の宮柞の森の桃の木は 役病払ふ母木々の枝	公家衆門に貼る		『月堂見聞集』巻二八
宝暦年間	一七五一	火災除け	すめる世にきたる狐の火事の沙汰 松毛ぬらせばもゆる火もなし	家ごとに貼る	御所様より	「新編宝暦雑」、『摂陽奇観』巻三一
明和五年	一七六八	髪切り除け	千早振神の氏子の髪なれば 切ともきれじ玉のかづらを	懐に入れる	板行で流布	『つれづれ飛抄』
安永二年四月二四日	一七七三	悪星除け	おもふ事皆さくねとてあきの葉を きりもきりたもはらいつるかな	表戸方へはる	日待、天道念仏大切	『源蔵・郡蔵日記』

安永四年六月二二日	一七七五	虫除け	(和歌未記載)		京都公家様より虫除の歌御出し被成候	『源蔵・郡蔵日記』
安永七年	一七七八	疫病	③傷寒は風のかハりに来れとも また吹かへる伊勢の神風	和歌と七ツ葉を帯に入れるか、門口に貼る		『摂陽奇観』巻三五
安永一〇年	一七八一	疱瘡(はしか)	むかしよりやくそくなれバもしかも 病とハしらず神がきのうち もがミ川ながれて清き水なれバ あくたハしづむぬしはさかへる	札ニ書て戸ニおせ		『増補呪詛重宝記大全』
安永一〇年	一七八一	火事近所ニ有時の呪詛	焼亡ハ柿乃本まできたれとも ある人なれバそこで人丸	此うたかき表の戸うらの戸におすべし、火乃こもきたらす		『増補呪詛重宝記大全』
天明六年	一七八六	疫病	①棟は八ツ門は九ツ戸はひとつ 世はいさなきのなかれくむ民	白米二升、豆腐二丁を一三に切って食す。歌を門に貼る		『摂陽奇観』巻三九
天明八年	一七八八	風邪	道元禅師 我名有家にハ入な風の神 名なき所ハとにもかくにも ④風いかに元来た空へ吹戻せ 人に当りて何のゑきれい 風ひかばおきつふり出したてかけよ 夜半にハきミよく覚らん	軒柱に貼付		『年代記』
寛政八年四月	一七九六	頓死	水神の教に命たすかりて 六部の内へ入そ嬉しき	呪詛之歌		『摂陽奇観』巻四二
寛政八年六月八~九日	一七九六	傷寒	③傷寒は風のかはりに来れとも また吹かへせいせの神風	松葉を年齢の数だけ一夜酒にひたす。戊亥年の人は山椒・梅干を煎じて飲む、和歌を墨継ぎも同様にして赤紙に書き門戸に貼る		『巷街贅説』巻一
文化三年	一八〇六	雷除け	あめつちのめくみとこそはなる神のたみ をうしなふことやあるへき	書き記して貼っておくと雷除けになるとされ「世上に是を用ゆ」	雷被害多数により「今上皇帝」(光格)が詠んで賀茂社に奉納したとされる。	『猿猴庵日記』

文化八年	一八一一	悪星除け	⑤天下の神の御末の人なれは　行合ふ星の祟りあらまじ		京都禁裏様ヨリ御出し被遊候	「近江国鏡村玉尾家永代帳」
文化一〇年六月	一八一三	悪星	⑤天が下の神の御末の人なれば　行合星のたゝりあるまじ　千早振神のみすえの人なれば　行合星のたゝりあるまじ	貼り置く	別に「異蝶之図」売り歩き	『藤岡屋日記』第三
文化一三年五月	一八一六	疫癘除け	⑥いかでかはみもすそ川の流れ汲む人にさわるなゑきれいの神	門戸に貼るまじない		『猿猴庵日記』
文化一五年四月	一八一八	流行病	⑥いかでかはみもすそ川のなかれくむ人にたよらむゑきれいの神	流行病除けとして門に貼る		『猿猴庵日記』
文政三年秋	一八二〇	痢病除け	来る共痢病の神はとまるまし　我住宿は柊の里	門戸に貼る	文政コレラ	『摂陽奇観』巻四六
文政五年九月一〇日	一八二二	疫病	⑥いかてかはみもすそ川のなかれには　人にたゝらんえきれいの神　①棟は八ツ門は九ツ戸はひとつ　世はいさなきの流れくむ身は　武の国のはた手になひく其人は　悪鬼悪魔を払ふ神風　「人皇五十二代嵯峨天皇勅命」	門戸に貼る呪詛の貼り札	三日コロリ、「いかてかは……」は「写本の太閤真顕記七篇の内に細川藤孝の女が詠めるところのうた也」	『摂陽奇観』巻四八
文政一三年	一八三〇	地震災害除け	②ゆるぐともよもやぬけじの要石鹿しまの神のあらん限りは	書写して戸口の柱か大黒柱に貼る	どこからともなく現れた老人が与えたまじない	『地震奇談平安万歳楽』（『兎園小説拾遺』・『甲子夜話続編』巻四九、所収）
嘉永七年	一八五四	地震	②ゆるむともよもやぬけまじ要石　鹿嶋の神のあらんかきりハ	家棟に書き置くと死人なし	安政地震	『近来年代記』
安政五年八月	一八五八	コロリ	山は三つ谷は九つ身は一つ我行先は柊の里	書いて門に貼る	ほかに禁裏様の常燈の火と称して灸を三つ据える。	『藤井此蔵一生記』
安政五年	一八五八	コレラ	筑前国荒崎市郎兵衛親類　神詠大和国葛城山神長姫命神體　⑥いかて我はみもすそ川の流くむたれにたよらんゑきれいの神	神詠、守り札	ほかに類似の歌を門口に貼り置くべしとあり	「懐溜諸屑」二六（国立歴史民俗博物館蔵、資料番号H-1492-26-1）

不明			⑦霜柱氷のたる木雪のけたする墨までも（下の七文字は見えず）	能登国鴉島の九〇〇年間無改築の家、棟木の札で発見	「弘法大師の筆に紛れなかりし」とされる。現在も上棟儀礼等で使用	一七六三年刊『本朝国語』巻五
不明		イタチ除け	鼬の呪はたかんなのにじきり也、これ五大明王のしるし候らん	書いて札に建てる		『耳嚢』巻二
不明		蛇除け	白仏言　此山に鹿子まだらの虫あらば山立姫に告て取らせむ	張っておくと蛇が出ない		一八六二年刊『宮川舎漫筆』

《出典》

『言経卿記』（東京大学史料編纂所編『大日本古記録　言経卿記』第七巻、岩波書店、一九七一年）
『春寝覚』（『仮名草子集成』第五八巻東京堂出版、二〇一七年）
『宝蔵』巻四（川平敏文「山岡元隣『宝蔵』箋註（八）」『雅俗』一八巻、二〇一九年）
『かなめいし』（『仮名草子集成』第一八巻、東京堂出版、一九九六年）
『月堂見聞集』巻八（早川順三郎編『近世風俗見聞集』第一巻、国書刊行会、一九一三年）
『閑窓自語』（『日本随筆大成』第Ⅱ期第八巻、吉川弘文館、一九九四年）
『拾椎雑話』巻二五（『拾椎雑話、稚狭考』福井県郷土誌懇談会、一九七四年）
『新編宝暦雑録』（『上方藝文叢刊八上方巷談集』上方藝文叢刊行会、一九八二年）
『摂陽奇観』（船越政一郎編『浪速叢書』第一―第六巻、浪速叢書刊行會、一九二六～一九二九年）
『つれづれ飛抄』（前掲『上方藝文叢刊八上方巷談集』）
『源蔵・郡蔵日記』（矢祭町史編さん委員会編『源蔵・郡蔵日記』矢祭町、一九七九年）
『増補呪詛重宝記大全』（筆者蔵）
『年代記』（大阪市史編纂所『大阪市史史料第三二輯　年代記・明和の春』大阪市史料調査会、一九九一年）
『巷街贅説』巻一（早川順三郎編『近世風俗見聞集』第四巻、国書刊行会、一九一三年）
『猿猴庵日記』（『日本庶民生活史料集成』第九巻、三一書房、一九六九年）
「近江国鏡村玉尾家永代帳」（『史料館叢書一〇　近江国鏡村玉尾家永代帳』東京大学出版会、一九八八年）
『藤岡屋日記』巻三（鈴木棠三・小池章太郎編『近世庶民生活史料　藤岡屋日記』第一巻、三一書房、一九八七年）
『兎園小説拾遺』（『日本随筆大成』第Ⅱ期第五巻、吉川弘文館、一九七四年）
『甲子夜話続編』（『甲子夜話続編』第四巻、平凡社東洋文庫、一九八〇年）
『近来年代記』（大阪市史編纂所『大阪市史史料第一輯　近来年代記（下）』大阪市史料調査会、一九八〇年）
『藤井此蔵一生記』（『日本庶民生活史料集成』第二巻、三一書房、一九六九年）
『本朝国語』巻五（『京都大学蔵大惣本稀書集成』第八巻、臨川書店、一九九五年）
『宮川舎漫筆』（『日本随筆大成』第Ⅰ期第一六巻、吉川弘文館、一九七六年）

著者紹介
村上紀夫（むらかみ　のりお）
奈良大学文学部史学科教授
1970年、愛媛県生まれ。大谷大学大学院博士後期課程中退。博士（文学・奈良大学）。専門は日本文化史。
著書に『近世勧進の研究：京都の民間宗教者』（法藏館、2011年）、『まちかどの芸能史』（解放出版社、2013年）、『京都地蔵盆の歴史』（法藏館、2017年）、『近世京都寺社の文化史』（法藏館、2019年10月）、『江戸時代の明智光秀』（創元社、2020年8月）などがある。

文献史学と民俗学：地誌・随筆・王権

2022年10月20日　印刷
2022年10月30日　発行

著　者　村上　紀夫

発行者　石井　　雅

発行所　株式会社　風響社

東京都北区田端4-14-9（〒114-0014）
TEL 03（3828）9249　振替 00110-0-553554
印刷　モリモト印刷

ISBN978-4-89489-325-2　C0039